El síndrome de la impostora

PENÍNSULA

El síndrome de la impostora

¿Por qué las mujeres siguen sin creer en ellas mismas?

Élisabeth Cadoche
Anne de Montarlot

Traducción de María Eugenia Santa Coloma

PENÍNSULA

Título original: *Le syndrome d'imposture: Pourquoi les femmes manquent tant de confiance en elles?*

Primera edición: febrero de 2021

Ediciones Península,
Diagonal 662-664
08034 Barcelona
edicionespeninsula@planeta.es
www.edicionespeninsula.com

Maria García - fotocomposición
Depósito legal: B. 895-2021
ISBN: 978-84-9942-967-0

ÍNDICE

GÉNESIS

Nos colamos en la abarrotada sala de conferencias. La ponente es una alta funcionaria. Nos habla de sus estudios y su trayectoria: Ciencias Políticas, Escuela Nacional de Administración, responsabilidades, un prestigioso cargo, una carrera internacional, competencias y laureles. Mujer guapa, cabeza bien amueblada; parece un ejemplo de éxito. El público, compuesto principalmente por mujeres, está impresionado. Qué desparpajo, qué inteligencia al elegir las palabras.

El detonante

Y de repente, en el torrente de este relato marcado por el éxito, una frase disonante: «En aquel momento, me sentí ilegítima, al borde de la impostura». ¡Asombro! Mi coautora y yo intercambiamos una mirada de estupefacción: si esta mujer con unos estudios brillantísimos, con la cabeza y la voz altas, tiene dudas, carece de confianza en sí misma y le preocupa la impostura, ¿qué será de nosotras, pobres plebeyas con vidas imperfectas, con ambiciones limitadas?

La velada prosiguió sin que nadie se inmutara con esta frase, pronto olvidada en medio de la euforia de ese encuentro. Al concluir, todo el mundo aplaudió, enardecido, animado, esperanzado. Y por fin lo comprendemos. Si una mujer así carece de confianza en sí misma pero, pese a todo, logra alcanzar la cima, nosotras también podemos llegar. También tenemos inseguridades —es nuestro vínculo secreto, nuestra similitud—, y esto nos convierte en semejantes. Esta mujer es mucho más que una inspiración, se convierte en un modelo. Ha sido capaz de controlar su falta de confianza en sí misma, que es nuestra seña de identidad. Literalmente, nuestra seña de identidad.

La idea ha ganado terreno y queremos llegar al fondo de la cuestión. ¿Por qué las mujeres carecen de tanta confianza en sí mismas? No solo en su vida profesional, sino ¿también en su vida personal? Empezamos a reflexionar, investigar, leer. En primer lugar, para nuestra información.

En marcha

No ha hecho falta buscar demasiado para darse cuenta de que, en igualdad de capacidades, los comportamientos varían. Para obtener un puesto de responsabilidad, en general, un hombre se posiciona como experto y aprende después. No hay escrúpulos; más bien tiende incluso a sobrestimar sus capacidades y su rendimiento.

Por el contrario, la mayoría de las veces, una mujer habrá reflexionado mucho antes de lanzarse, de enviar su currículum o manifestar su interés por el puesto. Luego deberá sentirse sumamente «preparada» para atribuirse a sí misma tan solo el derecho de atreverse a solicitarlo.

Cuando se instala la duda, empieza el trabajo de zapa, incluso si la mujer está demasiado cualificada. La idea de no merecer totalmente el puesto de responsabilidad que desea u ocupa, debérselo a la suerte, temer en todo momento que la descubran y la juzguen perpetúa estas creencias limitadoras.

Puede objetarse que algunas mujeres se han visto cegadas por la ambición y están muy seguras de sí mismas. Y que hay hombres que no confían en sí mismos. Esto se sobreentiende: a los hombres también les afecta esta desgracia. Pero si nos basamos solo en los hechos, si analizamos las cifras, la diferencia es evidente.

Según un estudio publicado por la Universidad de Cornell en 2018, «los hombres sobrestiman sus capacidades y su rendimiento, mientras que las mujeres los subestiman». Otra investigación, realizada en 2013 por el instituto británico Chartered Management Institute, estableció «una relación entre la falta de confianza de las mujeres y su escaso acceso a puestos de responsabilidad». Según un estudio Monster, llevado a cabo en 2013, «las mujeres tienen menores expectativas que los hombres cuando se trata de sueldo. La falta de confianza perjudica mucho a las mujeres». Otros estudios respaldan estos hechos.

El vértigo

> Aún tengo algo de síndrome de la impostora; no se acaba nunca, ni siquiera en este instante en que ustedes me van a escuchar; no me abandona, este sentimiento de que no deberían tomarme en serio. ¿Qué sé yo? Lo comparto con ustedes porque todos dudamos de nuestras capacidades, de nuestro poder y de qué es ese poder.

Esta frase, pronunciada en una escuela a rebosar del norte de Londres durante la gira que hizo para presentar su libro *Mi historia*, salió de los labios de ¡Michelle Obama!

Asimismo, Simone Veil, recién llegada al Gobierno, cree que sus días están contados: «Estaba convencida de no aguantar mucho tiempo. Me dije: "Voy a cometer un gran error y enseguida me mandarán de nuevo a la magistratura"».

Estos testimonios dan que pensar: no, este fenómeno no es secundario. En todos estos trabajos, los datos producen vértigo (solo el 24 % de las mujeres en el mundo ocupan puestos directivos).[1] Así pues, decidimos profundizar en nuestra reflexión:

- para comprender de dónde viene esta falta de confianza, cómo se manifiesta, se transmite, se vive, se supera;
- para saber si es o no monolítica (en todos los ámbitos de la vida), si es estable o cambiante;
- para examinar los casos en los que se convierte en un motor;
- para encontrar las claves e invertir la tendencia.

De ahí este libro, que combina las informaciones y las investigaciones científicas, los relatos de casos y las entrevistas, para abordar todos los aspectos de la falta de confianza en uno mismo, desde su expresión más extrema —el síndrome de la impostora— hasta la mera duda de sí misma.

Una de nosotras es autora y periodista; la otra es psicoterapeuta: esto nos permite tener un punto de vista suficientemente amplio sobre el tema. Que estas páginas te iluminen y te motiven para cambiar las cosas.

1

CONFIANZA EN UNO MISMO Y SÍNDROME DE IMPOSTURA

Atreverse
es perder pie momentáneamente.
No atreverse es perderse uno mismo.
SØREN KIERKEGAARD

¿QUÉ ES LA CONFIANZA EN UNO MISMO?

Si nos atenemos a la definición del Larousse, la confianza en uno mismo es «[el] sentimiento, [la] conciencia que uno tiene de su propia valía y de los que se obtiene una cierta seguridad».

En psicología, la definición es parecida. Se puede distinguir de forma sencilla a una persona que tiene confianza en sí misma según dos criterios:

- se siente capaz de alcanzar el objetivo que se ha puesto;

- y cree de verdad en sus capacidades, su talento y su eficacia.

Actuar y progresar es posible gracias a esta convicción. La confianza en uno mismo permite no dudar infinitamente de las decisiones que hay que tomar y de embarcarse sin complejos en lo que nos motiva. Nuestros actos toman forma en esta dinámica de confianza que proporciona una sensación de logro y la promesa de poder ir más allá de uno mismo.

La confianza en uno mismo requiere tres aptitudes:

- no buscar la consideración del otro para conseguir la aprobación necesaria: avanzar, en cambio, al descubierto, con un poder volitivo, en una alquimia de fuerza y docilidad;
- conocerse bien uno mismo, las fortalezas y las debilidades, y ser honesto frente a los desafíos y los deseos;
- ser capaz de soportar los fracasos, asimilarlos e integrarlos como parte del proceso normal de vida y de aprendizaje. La idea de aceptación de uno mismo es muy importante en este sentido. Todo influye: la forma en que se ha desarrollado nuestra trayectoria escolar, nuestro lugar en la familia, el modo en que esta misma familia ha gestionado los fracasos y los triunfos.

De manera general, la confianza en sí mismo es un sentimiento que todos buscan, que permite sentirse bien con uno mismo, avanzar armado de una buena dosis de audacia y afrontar los riesgos y las heridas para extraer la esencia, lo más valioso: la sensación de estar vivo. Significa creer en las posibilidades e intentarlo.

¿Por qué es tan importante confiar en uno mismo? Porque permite abordar la vida, tratar a los demás y al mundo de forma más serena. Nuestros proyectos, nuestras dificultades, nuestras decisiones...; los imponderables se viven con una fuerza tranquila y ligera. Estamos listos para volver a levantarnos, para adaptarnos a lo que surja. Asumir responsabilidades frente a la dificultad es más sencillo y se hace con calma.

«¡Confía en ti!» es, por tanto, la fórmula mágica a la que todos queremos unirnos. Sin embargo, no es un sentimiento estático y experimenta variaciones a lo largo de la vida; volveremos sobre esto más adelante. Como remarcó el filósofo Charles Pépin en su libro *La confianza en uno mismo: una filosofía*:[1] «No somos: nos estamos convirtiendo. ¿No confiamos en nosotros mismos? No importa: confiemos en lo que podemos convertirnos».

Sentirse eficaz, sentirse competente

Otros conceptos aportan su granito de arena y completan esta definición en función de su potencial y sus capacidades. Por ejemplo, la noción de autoeficacia, descrita por el psicólogo canadiense Albert Bandura, adalid del aprendizaje social, contribuye a la sensación de confianza en uno mismo. La describe como el «sentimiento de competencia de las personas que versa sobre sus aptitudes para organizar y llevar a cabo las acciones necesarias a fin de lograr un cierto tipo de rendimiento».[2]

El sentimiento de autoeficacia es un factor clave de la confianza en uno mismo. Las personas que creen en sus capacidades ven las tareas difíciles más como un reto que como una amenaza que hay que evitar. No temen fijarse objetivos, involucrarse ni dedicar muchos esfuerzos; permanecen concentradas en la tarea y adaptan las estrategias para hacer frente a los obstáculos.

> [Ellas] abordan las amenazas o las posibles preocupaciones con la confianza de saber que pueden tener un cierto control sobre ellas mismas. Esta eficaz perspectiva mejora el rendimiento, reduce el estrés y disminuye la vulnerabilidad a la depresión. Por el contrario, las aptitudes personales se pueden limitar o incluso anular fácilmente por las dudas sobre uno mismo, de modo que las personas con talento pueden hacer un pésimo uso de sus aptitudes en situaciones que minan sus convicciones en ellas mismas. Estas personas evitan los quehaceres difíciles en los ámbitos en los que dudan de sus capacidades. Les resulta difícil motivarse y reducen sus esfuerzos o abandonan enseguida ante los obstáculos. Sus aspiraciones son escasas y se implican poco frente a los objetivos que deciden perseguir. En situaciones duras, se concentran en sus limitaciones, en las dificultades de la tarea que tienen que realizar y en las consecuencias problemáticas del fracaso.[3]

Saber abordar las dificultades

Es interesante ver el modo en que los jóvenes abordan los obstáculos en el camino hacia sus logros, donde la confianza en uno mismo es un elemento fundamental para afrontarlos con más serenidad. David Dunning, psicólogo estadounidense y profesor de Psicología en la Universidad de Cornell, ha observado que cuando los exámenes eran especialmente difíciles los alumnos no reaccionaban igual, en función de si eran chicas o chicos.

> Dunning ha señalado que los estudiantes varones suelen ver el obstáculo como lo que es y reaccionan a sus notas bajas diciendo: «Uf, es un curso difícil», lo que se conoce como atribución externa, y, en este caso, acostumbra a ser un signo de resiliencia. Las chicas tienden a reaccionar de forma distinta. Se parecería más a: «No soy lo bastante buena», lo que corresponde a una atribución interna, y eso puede debilitar.[4]

Es evidente que reducir el discurso a la propia culpa, un rasgo del carácter, una debilidad, lo único que consigue es arruinar la opinión que se tiene de uno mismo, despreciarse y, de este modo, cambiar la convicción de su propia capacidad para triunfar. Las chicas tienen, pues, más tendencia a la atribución interna, que equivale a pensar: si fracaso es por mi culpa. Pero un chico recurrirá más a una atribución externa: fracaso porque el examen es demasiado difícil, el profesor demasiado severo, etc. Volveremos sobre esto en la página 31.

Por su parte, el psicólogo François Ruph[5] reduce a cuatro los modos en que se instaura este sistema de aptitudes:

- las experiencias de dominio: «Cuando una persona logra el éxito, esto le permite creer en sus capacidades. En cambio, un fracaso arruina esta convicción»;
- las experiencias vicarias: «El hecho de ver que personas semejantes a uno mismo triunfan gracias a un esfuerzo constante aumenta la creencia en sus propias capacidades para tener éxito»;
- la persuasión social: «Las personas convencidas verbalmente de tener las capacidades necesarias para dominar una determinada actividad son más propensas a hacer un esfuerzo y a sostenerlo que si dudan de sí mismas»;[6]
- los estados fisiológicos y emocionales: «El sentimiento debe reflejarse en la consideración de los demás y en su interpretación de su comportamiento como una expresión de la capacidad».[7]

Confianza en uno mismo, filosofía e introspección

El sentido de competencia es básico para comprender las causas de la confianza en uno mismo, pero se puede complementar con el enfoque de la filosofía, que aporta más aclaraciones, sobre todo acerca del papel que desempeña la incertidumbre. La incertidumbre y el aspecto relativo a la existencia son imprescindibles y forman parte, entre otros, de la condición humana. Conocer la naturaleza de los recursos de lo desconocido y tener una mente abierta en lugar de ignorarlo puede ayudar a fortalecer nuestra confianza en nosotros mismos. Aun cuando los errores estén presentes, si se tiene una sólida confianza, se pueden comprender mejor y reemprender camino hacia el destino.

La inscripción «Conócete a ti mismo», que figura a la entrada del templo de Delfos y que Sócrates retomó en el *Primer Alcibíades*, es una pista obvia en el camino de la confianza en uno mismo. Esta máxima ha tenido diversas interpretaciones a lo largo del tiempo. En el siglo I, Filón de Alejandría preconiza el conocimiento de uno mismo como fuente de felicidad: para adquirir la sabiduría, tendremos que explorar nuestra alma, nuestras sensaciones, nuestra razón, preocuparnos de lo que nos motiva y no de lo que nos es ajeno. En el siglo II, los gnósticos recomendaron examinarse a uno mismo, sobre nuestra naturaleza íntima, aunque también sobre el destino de la humanidad. Muchas exhortaciones al autoconocimiento en aras de la sabiduría.

Filósofos, psicólogos y psicoanalistas nos incitan a la introspección, porque conocerse uno mismo es evitar distraerse, perderse en las apariencias. Cuando sabemos firmemente lo que nos conviene, tomamos las decisiones necesarias con total confianza. Es la naturaleza profunda del *cogito* cartesiano.

Observar nuestro paisaje interior, nuestro estado mental, identificar nuestras emociones, nuestros sentimientos, analizar nuestros pensamientos constituyen instrumentos para conocernos. La introspección nos ayuda a identificar nuestras fortalezas y nuestras debilidades, a gestionar nuestras emociones, a adaptarnos a situaciones nuevas, a cuestionarnos a nosotros mismos. Al avanzar en el autoconocimiento, podemos convertirnos en una versión mejor de nosotros mismos.

En nuestras vidas aceleradas, la introspección es necesaria, pero supone dedicarse tiempo a uno mismo, huir de la dispersión, centrarnos de nuevo. ¿Qué decir entonces de las mujeres que no son capaces de encontrar tiempo para ellas, para aprender a conocerse? Nicole Brais, investigadora de la Universidad Laval de Quebec, define la carga mental como un «trabajo de gestión, organización y planificación que es a la vez intangible, imprescindible y constante, y cuyo objetivo es satisfacer las necesidades de cada uno y el buen funcionamiento de la casa». Esta carga mental que provoca estrés y agotamiento afecta sobre todo a las mujeres, y en especial a las que trabajan. Según el Instituto Nacional de Estadística y Estudios Económicos de Francia (Insee, por sus siglas en francés), en 2010, las mujeres se ocupaban del 64 % de las tareas domésticas y del 71 % de las obligaciones parentales en los hogares. En estas condiciones, no sorprende que descuiden su paisaje interior...

La confianza en uno mismo no es monolítica

Existen diversos tipos de confianza según las distintas esferas: se puede tener mucha confianza para recaudar fondos entre inversores, pero tener mucha menos en medio de una recepción donde no se conoce a casi nadie. Sin embargo, cuando se posee un cierto nivel de confianza en uno mismo, lo desconocido es algo menos aterrador porque sabemos que saldremos vivos sin miedo al ridículo, la humillación o el rechazo.

Aparte de la forma en que te criaron, algunas vivencias desafortunadas a buen seguro zarandearán tu confianza en ti mismo y crearán un terreno delicado, incluso si al principio se cuenta más bien con una sólida confianza. Esta perdición podrá ser temporal o, de lo contrario, alterará el sentimiento de confianza. Una ruptura imprevista, una muerte, un accidente o una enfermedad repentina constituyen traumas que pueden cuestionar ciertas creencias y visiones de la vida. Como nos indica la filosofía, la incertidumbre forma parte de la vida y puede cambiar por completo un determinado orden al que estábamos acostumbrados.

Tomemos como ejemplo el caso de Elsa.* Con casi 50 años, es una mujer hermosa. Casada desde hace veinticinco años, con dos hijos que estudian, enseña derecho en una universidad provincial. Desde fuera, una vida perfecta, envidiable. Sin embargo, Elsa matiza:

«Sé que tengo una buena vida, que tengo una profesión gratificante, que mis alumnos me aprecian, que mi marido me quiere, que mis hijos ya son independientes y están preparados

* Por razones obvias de confidencialidad, los nombres y los datos personales se han modificado en todos los testimonios.

para la vida. Pese a todo, no confío en mí misma. Soy consciente de que soy bastante buena en el ámbito del derecho, pero, en cuanto salgo de mi campo de especialización, no me siento a la altura. Con los años, he ganado algunos kilos que pesan toneladas; no voy de vacaciones con los amigos porque temo estar en traje de baño delante de ellos. Evito meterme en conversaciones políticas que apasionan a mi marido y a nuestros amigos porque el tema se me escapa un poco. Nunca me siento lo suficientemente bien; la prueba es que cuando me hacen un cumplido por una de mis publicaciones o sobre mi físico me sonrojo. Mi marido y mis hijos me dicen que soy guapa, pero me cuesta creerlo, y no se trata en ningún caso de falsa modestia. Cuando me lo dicen mis padres, me hace sonreír; siempre me han querido de forma incondicional. Debería sentirme completamente feliz y soy consciente de que mi falta de confianza es tal vez difícil de entender. Pero así es y esto a veces me amarga la vida.»

Elsa se siente realizada en tres aspectos: la pareja, el trabajo y la maternidad, sin haber sufrido fracasos sonados o tenido vivencias complicadas. No obstante, carece de confianza en sí misma y cuestiona el alcance. Como suele ser el caso de las mujeres, las razones que alegan son difíciles de determinar con claridad y se describen más como impresiones que como aspectos destacados. Este sentimiento vago puede manifestarse sobre todo cuando se ha tenido «éxito» en los proyectos vitales importantes, como son la familia y la carrera. A medida que pasa el tiempo, hay que proyectarse de nuevo y reconstruir el sentido. Los cincuenta son a menudo un periodo para hacer balance y de cuestionamiento.

Elsa habría querido ser competente en otros aspectos distintos del derecho y atreverse así a hablar en público junto a su marido. Su autoestima, por tanto, también pasaría por ser culta y experta en diversos ámbitos.

El control del cuerpo, que nos traiciona con el paso del tiempo, es asimismo motivo de decepción y vergüenza. La percepción de su cuerpo entra en absoluta contradicción con la visión idealizada del cuerpo femenino que fomenta nuestra sociedad occidental. No puede dejar de sentirse al margen, en un discurso tóxico donde los mensajes de felicidad y belleza riman con «ser delgada y perfecta». El deseo de perfección, ya sea referido al cuerpo o a otra cosa, es otro sistema de pensamientos distorsionado que contribuye a disminuir nuestra confianza en nosotras. Elsa presenta distintos aspectos de falta de confianza en sí misma, falta de autoestima, miedo a lo que piensen los demás, una mala imagen de su cuerpo...

Incluso cuando las mujeres han tenido éxito en su vida personal y profesional, el impacto del cuerpo es increíble. Son muchas las mujeres que se amargan la vida por tres kilos de más, un michelín que solo ellas ven, una minucia. Tan solo el 42 % de las mujeres afirman sentirse satisfechas con su cuerpo.[8]

Veremos con más detalle este tema en los próximos capítulos.

QUÉ ES EL SENTIMIENTO DE IMPOSTURA

Cuanto mayor es el éxito, mayor es la duda

Mientras que la falta de confianza puede disminuir a base de actos y realizaciones, con el síndrome de impostura estamos en una variante delicada y perversa que se puede describir de la siguiente forma: cuanto más éxito tiene la persona, más duda de lo que ha conseguido.

Es ahí donde reside el dolor de este fenómeno: persiste y se alimenta, paradójicamente, de los logros que la persona puede acumular. Cuanto más presente está el éxito, más crece el sentimiento de ansiedad. Triunfar aprisiona a la persona en un círculo vicioso y la incita a pensar de forma sesgada: «¡Uf! He engañado de nuevo a todo el mundo sin que me hayan descubierto; me he salido con la mía esta vez».

Las pruebas visibles concretas de éxito se desbaratan de manera sistemática, incluso se critican. Cuando se necesita una dosis de duda de uno mismo para tener una visión objetiva, el sentimiento de impostura impide a la persona aceptar sus logros y ¡la convence incluso de lo contrario! Siempre piensa, por tanto, en engañar a todos respecto a su «verdadero» grado de aptitud e inteligencia. El cóctel perfecto para fortalecer su angustia.

Esta es además la razón por la que este síndrome de impostura afecta a menudo a las personas brillantes.

Veamos el ejemplo de Joséphine. Tiene 35 años y un doctorado; está más que preparada para aspirar a este nuevo trabajo como directora de una importante filial. Hay treinta candidatos. Pasa cinco entrevistas. Contesta todas las preguntas, supera todas las objeciones, derriba todos los obstáculos. Durante la entrevista final, sus futuros compañeros le estrechan cordialmente la mano al darle la bienvenida. Al salir, debería haber llamado a su novio, a su hermana, a su mejor amiga.

«Pero me di cuenta solo de lo que acababa de ocurrir: había conseguido el trabajo. Fui incapaz de alegrarme. Iban a percatarse de que se habían equivocado. ¡Nunca lo lograré!»

Joséphine se niega a celebrar este triunfo excepcional.

Desde entonces, es una muestra de sudores fríos e insomnio; el síndrome de impostura se suele notar más durante los cambios importantes, como conseguir un trabajo nuevo, como en el caso de Joséphine, iniciar un nuevo ciclo de estudios o incluso comenzar una nueva etapa de la vida.

Sin embargo, Joséphine no solo tiene un montón de títulos, sino que también ha logrado superar todas las etapas de ansiedad del proceso de contratación. Ha podido contar con sus innumerables capacidades y aptitudes, ha sabido transmitir sus conocimientos con el tono y la convicción necesarios. El timbre de su voz no dejó traslucir ninguna vacilación. Su motivación, sus ambiciones y, por último, la forma en que ha conseguido entusiasmar a los directores gracias a una anécdota humana y divertida demuestran que posee un abanico de cualidades acordes con las responsabilidades del puesto y las exigencias que espera su nuevo empleador.

La cuantía considerable de todas sus aptitudes no logra mitigar una sensación de incertidumbre ante sus nuevas funciones. Nada podrá disuadirla: piensa que no es la persona adecuada y que no tardarán en darse cuenta. No se permite el más mínimo sentimiento de seguridad, de confianza y de entusiasmo una vez recibida la buena noticia de la contratación. A pesar de sus conocimientos y sus aptitudes para dirigir, no se siente capaz de poder motivar, inspirar o gestionar los conflictos de su nuevo equipo.

Terriblemente preocupada por no poder desempeñar su labor de forma correcta, desarrolla un modelo de trabajo punitivo hacia ella misma y sus asistentes a lo largo de los meses siguientes y se impone horarios frenéticos que, poco a poco, le impiden hacer cualquier tipo de vida social. Cuando durante las conversaciones de pasillo o las mini sesiones informativas la felicitan, el peso de esta presión la lleva a convertir esta nueva experiencia profesional en una maratón. Ante las felicitaciones de su jefe, no sabe si debe alegrarse o sentirse avergonzada. Todo es confuso e inquietante para Joséphine, y cuando está al límite del *burn-out* decide finalmente consultarlo.

Un problema de «atribución»

Otra característica: la persona con un sentimiento de impostura tiene la impresión de no merecer su éxito, que atribuye a la suerte o al azar. Aquí es donde entra en juego la llamada «teoría de la atribución», un mecanismo identificado por Fritz Heider en 1958. Las mujeres que presentan un sentimiento de impostura tienen un sesgo cognitivo, es decir, una distorsión del pensamiento. ¿Qué sucede?

En general, una persona atribuye su éxito (una buena nota, un logro profesional o cualquier otro cometido) a una causa interna (he sido competente y lo he conseguido) y duradera sobre la que puede ejercer un cierto control (cómo organizarse en consecuencia). Para quienes tienen un sentimiento de impostura, las causas del éxito son solo externas (por consiguiente, inestables y que escapan a su control). Estas causas externas pueden ser la suerte, la gentileza de los demás o sus errores de juicio. Nunca sus propios méritos.

Una forma de pensar paralizadora y prolongada

En 1978, las psicólogas estadounidenses Pauline Rose Clance y Suzanne Imes bautizan este fenómeno particular y extremo de duda de uno mismo: el «síndrome del impostor». Volveremos sobre esta historia en la página 39. Desde entonces, el concepto se ha puesto en tela de juicio; se habla de buen grado de «experiencia de impostura», cada vez más presente en nuestras sociedades occidentales atraídas por el culto a la eficiencia y donde a menudo hay que ser eficiente para sentirse valorado y donde el éxito es la única garantía de recibir amor y afecto.

La experiencia de la impostura no es un trastorno mental (no forma parte del manual psiquiátrico de trastornos mentales, el DSM-5).[9] Revela, sin embargo, una forma de pensar paralizadora que solo favorece unas determinadas creencias sobre uno mismo, donde la impresión de no ser «lo suficientemente bueno» y usurpar su lugar está muy presente; donde casi se llega a plantear la cuestión: «¿De verdad tengo derecho a aspirar a este puesto?, ¿a este ascenso?».

Sentirse un impostor es vivir con el miedo en el cuerpo, pese a mostrar una aparente serenidad. Miedo a ser desenmascarado cuando no se está realmente a la altura de las exigencias de su liderazgo, por ejemplo. La noción de legitimidad es especialmente inexistente en las mujeres, para quienes el criterio de éxito (influenciado por una definición sexista del éxito) se parece al estatus y al poder, conceptos con los que las mujeres a veces se pueden sentir incómodas.

Una trampa mental

La doctora Jessamy Hibberd, psicóloga clínica, es autora de un libro sobre el tema.[10] Nos explica cómo el síndrome del impostor es una trampa mental.

> Incluso si se consigue mucho éxito, hay una lucha constante entre saberlo y sentirlo. Los impostores tienen muchas dificultades para interiorizar sus logros. Cada vez que haces algo bien, lo justificas alegando motivos externos, y cada vez que haces algo no tan bien o mal, te lo tomas como algo personal. Tú eres responsable de todo. Es una visión sesgada que funciona casi como un perjuicio; multiplicas las evidencias para dar fe de esta visión. Este síndrome es una

combinación de autocrítica, de duda de uno mismo y de miedo al fracaso, unido a unos cambios constantes y extraños que nos hacen dudar entre sobrecargarnos de trabajo y procrastinar.

Ella explica la diferencia entre la falta de confianza en uno mismo y el síndrome del impostor:

> Cuando tenemos un objetivo pero no una gran confianza en nosotros mismos, no sabemos en realidad si lo vamos a lograr ni cómo lo haremos, pero si trabajamos duro y ponemos buena voluntad, podemos conseguirlo y felicitarnos por ello. Para alguien que sufre del síndrome del impostor, la inquietud será la misma; también trabajará mucho, pero en cuanto alcance su objetivo, infravalorará su éxito. Le resulta imposible cambiar su punto de vista. La caída es inevitable, con la impresión de volverse aún más visible y estar bajo presión. Tener éxito no es compatible con la imagen que tienes de ti mismo.

¿De dónde viene este sentimiento?

En este síndrome, según Jessamy Hibberd, hay una parte innata y una adquirida. En este sentido, nunca hay nada determinado ni fijo. Algunas personas tienen, en el momento de nacer, un temperamento más bien nervioso que se puede modificar por medio de una educación que infunda confianza en uno mismo.

En cambio, se puede nacer con una buena autoestima y una firme confianza en uno mismo y perder este potencial: un niño que crece oyendo palabras contradictorias (uno de los indicadores más fuertes del sentimiento de impostura) se enfrenta a un mensaje confuso. Poco a poco se crea una duda crónica. Dudar y ser inseguro es humano, pero cuando se hace crónico es un verdadero hándicap. Más aún cuando vivimos en un mundo que nos insta a dar la mejor versión de nosotros mismos: «¡Vive plenamente tu vida! ¡Vive tu vida al máximo!». ¿Y si dijéramos en cambio: «¡Vive tu vida!»?

En el siguiente capítulo, hablaremos en detalle del origen de esta duda de uno mismo concreta, pero ya podemos subrayar algo obvio: en una sociedad hipercompetitiva donde la eficiencia y el éxito se erigen en valor supremo y se difunden a través del falso espejo de las redes sociales, la vida se presenta como la imagen perfecta. Tres razones principales que se derivan de este contexto sociocultural explican por qué tantas mujeres experimentan el sentimiento de impostura:

- la presión constante (rendimiento e imagen), en un entorno de falta de confianza en uno mismo, solo puede alimentar la fábrica de las incertidumbres en lo que se refiere a sus capacidades;
- la ausencia de representación de las mujeres en los puestos dirigentes, en algunos sectores de la industria, hace que estén más expuestas y solas;
- los estereotipos que, a pesar de los avances sociales, son difíciles de romper: «A las mujeres no les gusta negociar», «Tienen dificultades con las esferas del poder», «Se mueven más por las emociones», «Quieren tener hijos», «Tienen hijos»,

«Los hijos se ponen enfermos», «En realidad no quieren dirigir».

Consecuencias del sentimiento de impostura

El *burn-out* es el primer riesgo. Alcanzar sus objetivos evitando que la detecten es devastador, extenuante y causa mucho estrés, que a veces desemboca en agotamiento, un esfuerzo tan descomunal por prever los más mínimos errores que fortalecerá ese sentimiento de duda e impostura.

Por el contrario, el sentimiento de impostura se puede manifestar mediante una parálisis total, en forma de procrastinación, que se puede definir como la tendencia desmesurada a dejar todo para más tarde. A todos nos pasa posponer una tarea para el día siguiente, cuando es difícil o pesada, pero si esto se convierte en una costumbre, una forma sistemática de responder a lo que se presenta, nos pondrá en situaciones insostenibles. Perdemos oportunidades, decepcionamos a quienes nos rodean, y entonces entramos en un círculo vicioso que nos confirma que no valemos nada. Esta lectura sesgada, debido al miedo al fracaso y a una escasa confianza en uno mismo, destruye la motivación necesaria para perseguir nuestras ambiciones.

Tercer riesgo: la vida profesional se vuelve monótona, ya que en realidad no se permite ni disfrutar de sus logros ni impulsarse en la dirección deseada.

Por último, además de sus convicciones limitadoras, la percepción de las capacidades de otras personas es también errónea. A menudo, en situación de impostura, uno se imagina que los demás, sentados en la oficina a nuestro alrededor, tienen una confianza absoluta en sí mismos y no padecen este tipo de juicio interno. Son tan diferentes de nosotros... ¡Por supuesto que se merecen su puesto! El miedo a la impostura hace que suframos en silencio: ¿podremos formar parte alguna vez del bando ganador? A partir del momento en que creemos que no merecemos mucho, incluso nada en absoluto, que nuestros logros los hemos robado, son fruto de algún tipo de oportunismo o tal vez del azar, ¿cómo se puede justificar el puesto?

¿Miedo a triunfar?

Este temor a ser descubierta, ¿no revela también un estremecimiento existencial ante nuestra libertad que nos paralizaría? ¿Un modo disimulado de no querer asumir la libertad y, por tanto, la responsabilidad? «Estamos condenados a ser libres», según Sartre, y esta característica de la condición humana exhorta a la idea de responsabilidad. Hombre o mujer, una persona libre es pues una persona responsable de lo que hace. Si es responsable de sus éxitos, ¡también lo es de sus errores! Esta angustia existencial pesa más cuando se padece un sentimiento de impostura.

Este tipo de ansiedad e inseguridad corrosivas ante lo que somos y seremos capaces de hacer recuerda un poco al miedo al éxito. El temor a concederse la posibilidad de triunfar, de reconocer sus capacidades, sobre todo en una sociedad en la que el éxito se ha elevado a la categoría de valor supremo, inculcado desde la infancia, donde los niños a menudo están sometidos a una aceptación «condicional» (o a lo que Carl Rogers denomina la «consideración condicional»). El psicólogo Kevin Chassangre aclara: «Nuestra sociedad tiene tendencia a enseñar a los niños que eres buena persona si tienes éxito y mala si fracasas».[11]

La escritora estadounidense Marianne Williamson pone el dedo en la llaga respecto a este fenómeno.

> Nuestro mayor temor no es ser ineptos, nuestro mayor temor es ser poderosos más allá de cualquier límite. Es nuestra luz, no nuestra oscuridad, lo que más nos asusta. Nos preguntamos: «¿Quién soy yo para atreverme a ser brillante, magnífico, talentoso, fabuloso?». Pero, en realidad, ¿quién soy yo para no serlo?[12]

Deberíamos permitirnos triunfar, brillar, ser felices. No obstante, a menudo es una vana ilusión cuando este sentimiento de ilegitimidad persiste, puesto que la mujer sigue siendo su peor enemigo. Su miedo a que la descubran y la juzguen la confina en una zona de confort: se prohíbe el éxito y se encierra en un proceso que perpetúa sus convicciones limitadoras. Se siente insatisfecha, y el mundo laboral o la sociedad no le devuelve una imagen gratificante; el sentimiento de duda se afianza más en ella.

Sophie tiene 32 años. Trabaja en una institución cultural en Burdeos, pero está a la espera de conseguir un puesto en un museo del norte de Francia.

«Para estar más cerca de mi familia y, sobre todo, para hacer realidad mi sueño: ser conservadora. Un sueño que albergo desde que terminé Bellas Artes. Sin embargo, mi trabajo actual va a las mil maravillas; mi jefe está satisfecho de mi labor y me acaba de asignar más responsabilidades que podrían orientar mi carrera hacia el colofón: llegar a ser conservadora.»

Sophie lleva mal esta situación. Tiene la sensación de perder el equilibrio, empieza a perderse algunas reuniones importantes, pide ayuda a recursos humanos; en definitiva, no puede más.

Al mismo tiempo, el museo de Lille le envía un mensaje y la convoca a una primera entrevista.

«No fui», dice.

¿Por qué este sabotaje? A medida que afluyen las demostraciones de estima y confianza, todo se quiebra en Sophie. Oye y traduce las aseveraciones positivas como órdenes para un rendimiento extraordinario y se siente juzgada, evaluada, con la obligación de no decepcionar. Reflexiona, rumia, analiza y lo único que hace es darle vueltas. No solo arriesga su futuro, puesto que está íntimamente convencida de que es un golpe de suerte, sino que, por otra parte, su presente, con sus nuevas responsabilidades, la paraliza. Como en ocasiones anteriores, empieza a procrastinar y a esconder la cabeza bajo el ala cuando aparece un problema. Se dice que no puede soportar el más mínimo rasguño. Si no logra triunfar en su cometido actual, habrá echado todo a perder.

Naturalmente, nada de esto es objetivo; esa visión distorsionada la atrapa y la lleva a ver el mundo en negro o en blanco. En cuanto a Lille, es una ilusión. La angustia que siente Sophie mina toda su confianza y la lleva a la pasividad.

Las mujeres son estadísticamente más propensas a la ansiedad que los hombres. También se preocupan más de lo que puedan pensar los demás de ellas. Son, por tanto, más proclives a la inquietud y al desaliento, que pueden acentuar la falta de confianza en sí mismas y hacer que se sientan impostoras.

Esta impresión de sentirse fuera de lugar va más allá y comprende a las minorías que pueden sufrir más de una falta de confianza en sí mismas. Ya se trate de su orientación sexual o de su género, esta diferencia puede alimentar y acentuar el sentimiento de impostura.

El descubrimiento de este concepto terapéutico

Antes de que alguien le pusiera nombre a este malestar de la impostura en los años setenta, las doctoras Suzanne Imes y Pauline Rose Clance, las dos psicólogas clínicas que inventaron el término de «síndrome del impostor» y lo hicieran famoso, ni siquiera ellas se han librado de este sentimiento difuso y difícil de identificar.

> Mientras daba un curso a sus alumnos en una universidad de Ohio, Clance se dio cuenta de que sus estudiantes se enfrentaban a los mismos sentimientos de duda e impostura que ella misma había sentido cuando estudiaba. Cuenta lo siguiente:

> «Noté que mis alumnas tenían muchas dudas sobre sus capacidades y estaban nerviosas en cuanto a sus logros; decían, por ejemplo: "Tengo miedo; esta vez seguro que voy a suspender el examen". Sin embargo, cuando les preguntaba, jamás habían fallado un examen y, en realidad, sus resultados eran excelentes. Una de ellas dijo: "Me siento como una impostora, aquí, en medio de tanta gente inteligente".»[13]

¡Se pronunció la palabra!

En los años ochenta, siguiendo los pasos de Clance e Imes, la doctora Valerie Young (hoy experta internacional, autora y conferenciante sobre el tema) atisbó su destino profesional mientras, petrificada por la duda, procrastinaba y le daba vueltas a cómo iba a conseguir empezar su tesis. Cuenta su experiencia en el sitio web que creó desde entonces: impostorsyndrome.com.

Como en todas las historias de éxito, fue durante una conversación de la que fue casualmente testigo cuando oyó por vez primera la expresión «síndrome del impostor». Dos estudiantes leían y comentaban los estudios de Imes y Clance sobre el tema. Seriamente afectada, Young se reconoció en la descripción y también reconoció lo que sentía buena parte de sus alumnos, y sobre todo las chicas. Entonces decidió dedicar su tesis a este tema y crear, durante el proceso, un grupo de apoyo con los demás estudiantes.

El resto forma parte de la historia. Siguió un primer taller terapéutico titulado «Superar el síndrome del impostor: problemas de competencia y confianza en uno mismo», que tuvo mucho éxito y confirmó la necesidad de abordar este problema de manera más amplia. En

2001, inició un nuevo taller terapéutico: «Cómo sentirse tan inteligente y competente como los demás parecen creer que eres: ¿por qué las mujeres y los hombres inteligentes padecen del síndrome de impostura y cómo subsanarlo?».

Clance, Imes y Young tienen un aspecto en común: sufren esta falta concreta de confianza en sí mismas. Unidas por una solidaridad y una sororidad invisibles que se extienden a lo largo de las décadas, parecen darse la mano, turnarse para comprender, identificar y aportar soluciones. Con los libros, los talleres de conciencia, las intervenciones públicas, los ejercicios y los instrumentos de evaluación (entre ellos, la escala del síndrome del impostor de Clance) han contribuido, cada una a su manera, a comprender mejor este síndrome.

TENER CONFIANZA EN SÍ MISMO, PERO ¿QUÉ SIGNIFICA «SÍ MISMO»?

La psicología humanista y el enfoque centrado en la persona

La teoría del «sí mismo» ha hecho correr ríos de tinta y desempeña un papel importante en la psicología occidental. Para hacer una breve sinopsis histórica, tras la llegada del psicoanálisis impulsado por Freud y sus discípulos a principios el siglo XX aparecieron otras teorías y prácticas terapéuticas en la mayoría de los países occidentales. En los años cuarenta, surgen dos grandes corrientes: el conductismo (o behaviorismo) y la psicología humanista, en especial con Abraham Maslow. Esta psicología, también llamada «humanista y existencial», desarrolla una concepción de lo humano como un ser básicamente bueno, que evoluciona positivamente si se libera de los condicionamientos que lo limitan. Dio origen, gracias a Carl Rogers, a una corriente terapéutica: el enfoque centrado en la persona (ACP, por sus siglas en francés), creado en los años cincuenta en Estados Unidos. Abraham Maslow, Carl Rogers y George Kelly, entre otros, sitúan el «sí mismo» en el centro del enfoque terapéutico y de la teoría de la personalidad.

¿Cuáles son las características de esta corriente? Para empezar, como su nombre indica (enfoque centrado en la persona), el terapeuta se centra en el individuo y no en el problema. Establece una relación empática con él —algo que difiere mucho de la neutralidad psicoanalítica— y se pone en el lugar del cliente[14] en un clima de confianza y sin juzgar. Esta forma de trabajar es muy útil para tratar la falta de confianza. El terapeuta tiene una visión de aceptación que anima a los clientes, sobre todo a las mujeres, a quienes se juzga constantemente. Por último, el enfoque humanista se caracteriza por la no direccionalidad, es decir, el terapeuta no trata de dirigir el proceso.

Carl Rogers y las terapias humanistas

La psicología humanista existencial suele ser denominada la «tercera vía». En torno a Carl Rogers (1902-1987), que se definía como un «revolucionario silencioso», se reúnen investigadores y especialistas que consideran que los otros dos sistemas dominantes en los años cincuenta (el psicoanálisis y el behaviorismo) están deshumanizados y son fríos.

Rogers se inspira en la fenomenología (en especial en Husserl) y en el existencialismo (Sartre), y establece un puente entre la psicología y la filosofía. Se trata, pues, de un enfoque psicológico, además de una filosofía de vida que se basa en una visión positiva del ser humano.

En general, según el enfoque centrado en la persona, todo ser humano posee lo necesario para funcionar plenamente y autodeterminarse, siempre y cuando esté muy cerca de su propia experiencia profunda, es decir, de su propia amalgama de percepciones corporales y sensoriales, de sus sensaciones y de la valoración que extraiga. Es lo que Rogers denomina el «yo organísmico». Esta motivación inicial es uno de los pilares de reflexión de la teoría rogeriana, la brújula indispensable y subjetiva de cada uno, para navegar por la existencia, determinar las propias decisiones y así desarrollar su potencial; es la llamada «tendencia actualizadora», la posibilidad de realizarse asumiendo su libertad.

El concepto de «sí mismo»

El concepto de «sí mismo», que él define como «un conjunto de percepciones y convicciones organizadas y coherentes sobre uno mismo»,[15] se puede sintetizar en la siguiente pregunta: «¿Quién soy?». ¿Quién soy como persona? ¿Qué respuestas subjetivas (positivas o negativas) se desprenden? Se elabora la ficha descriptiva multidimensional, que incluye la cantidad de conocimiento que uno tiene sobre sí mismo y que da sentido a «sí mismo». Una autodefinición muy rica y subjetiva que destaca su capacidad de reflexionar sobre sí mismo, aprehender su complejidad y su singularidad.

Otra idea potente: el concepto de «sí mismo» no es estático; es un proceso que cambia a lo largo de la vida y se define de forma significativa durante la infancia y la adolescencia.

> Una persona es un proceso fluido, no una entidad fija y estática, una serie de rasgos fijos o un bloque hecho de material sólido, sino más bien un río de transformaciones y una constelación perpetua de potencialidades cambiantes.[16]

La adecuación del concepto de «sí mismo» o la confianza en sí mismo

Carl Rogers desglosa el concepto de «sí mismo» en tres subpartes:

- **la imagen de sí mismo**, que representa la forma en que se percibe (la imagen de nuestro cuerpo desempeña un papel importante) y que no necesariamente se corresponde con la realidad;
- **la opinión de sí mismo**, que es la valía y la autoestima;

- y, por último, **el sí mismo ideal**, que varía a lo largo de la vida y que representa lo que querríamos ser, nuestras aspiraciones vitales.

Cuando nuestra propia experiencia coincide con la imagen que tenemos de nosotros mismos, por fin podemos encontrar la armonía, confiar en nosotros mismos y experimentar el estado de congruencia (perfecta adecuación).

Esta tendencia a la autorrealización se ve favorecida mayormente, en un principio, por un ambiente familiar que, acogedor y bondadoso, permitirá que el niño crezca en su propia singularidad y tenga oportunidades de realizarse plenamente.

Hemos conocido a Isis, una adolescente de 16 años. Figura esbelta y grácil, ojos enormes y piernas de gacela. Su delgadez preocupa a sus padres (no está flaca, en sentido estricto, pero poco le falta).

«Francamente, no sé muy bien qué me ha conducido hasta aquí. Mis padres temen que sea anoréxica, lo cual no es cierto. Había una chica anoréxica en el instituto; para ser sincera, yo estoy lejos de eso. Tan solo soy objetiva y me doy cuenta de que estoy rellenita, no gorda, ¿eh?, sino rellenita. Así que tengo un poco de cuidado con lo que como, pero no hay nada de lo que alarmarse. De pequeña, ya estaba rolliza; las otras niñas se burlaban de mí y me llamaban «mofletuda». Estoy contenta de que se me hayan marcado las mejillas. Me falta perder solo cuatro o cinco kilos para estar delgada. No me gusta demasiado mi imagen rolliza en el espejo. Además, huyo de los probadores, mientras que a todas mis amigas les encanta ir de compras. Imagino que con algunos kilos menos podré permitirme de nuevo ir de compras.»

Isis mide un metro setenta y cinco y usa una talla treinta y seis. En efecto, no es anoréxica y come de todo, excepto dulces. Pero la manera en que percibe su cuerpo es errónea. Padece dismorfofobia, un problema de la imagen de uno mismo relacionado con la imagen del cuerpo (véase la página 168). Ese cuerpo supuestamente rollizo le causa angustia, falta de confianza. Su problema está, sin duda, ligado a su madre, que tiene sobrepeso, y a su entorno en el instituto, donde las chicas no prueban bocado. No obstante, esta anorexia no es tan grave; dice que quiere perder kilos, pero sin cambiar nada de su forma de alimentarse.

En seis sesiones, Isis ha podido comprender de dónde venía su falta de confianza en relación con su cuerpo: por una parte, se enfrentaba al sobrepeso de su madre, que le daba un poco de vergüenza; por otra, conservaba la imagen de la niña regordeta que había sido y de las consiguientes burlas. Al final comprendió que seguía bloqueada con esta imagen y que la manera en que se veía no se correspondía para nada con la realidad. Desde entonces, ha vuelto a confiar en sí misma.

La consideración de los demás y el crecimiento saludable del «sí mismo»

El sentido de «sí mismo», orientado claro está hacia una optimización del potencial, según Rogers, está influido por las experiencias por las que atravesamos todos nosotros durante la infancia y por la interpretación que hacemos. Muy pronto, para recibir atención y amor, recurrimos a esas personas fundamentales que son nuestros padres, pero también a quienes nos inspiran. Escuchamos embelesados sus comentarios, su buen juicio, sus valoraciones, todos esos mensajes sobre la manera en que debemos comportarnos para complacerlos y que Rogers denomina «condiciones de valía».

Esas *condiciones de valía* interfieren con el concepto de «sí mismo» de cada uno. Nuestra lectura de lo que piensan los demás, de lo que valoran, fomentan, quieren, detestan y defienden se interioriza y contribuye a tejer lo que deberíamos ser: interpretamos lo que queremos según criterios que no siempre nos pertenecen, una especie de lentes que filtrarían nuestra experiencia y nos alejarían astutamente un poco de nosotros mismos, de nuestra propia lectura. Nuestra mirada, por tanto, se filtra en parte por medio de la valoración y la percepción de las personas que nos rodean. A buen seguro, el colegio, los grupos de amigos y la cultura acabarán por completar esta lectura.

Por eso es básico tener una consideración positiva de uno mismo. Afectuosa y respetuosa, contribuye a un crecimiento saludable del «sí mismo» y será sinónimo de una buena imagen de uno mismo, sin que por ello nos volvamos dependientes de la opinión de los demás. Es un regalo de las personas que estimamos. Las palabras usadas por quienes amamos tienen un peso insospechado. Influyen en nuestra definición del «sí mismo» y, por ende, dan color a nuestra forma de ser y al modo de tomar decisiones.

Rogers describe dos tipos de consideraciones positivas:

- la consideración positiva condicional, que puede corresponder a lo que se denomina un «amor condicional»;
- y la consideración positiva incondicional, que puede corresponder a lo que se denomina un «amor incondicional».

En el caso de una consideración positiva condicional, las áreas de desarrollo (esas famosas condiciones de valía) se imponen de algún modo al niño, que, para ganarse la aceptación, modelará su comportamiento en función de lo que el adulto determina que está bien o mal. Actuará según este marco de referencia.

Estas condiciones formarán parte incluso de la visión que el niño tiene de sí mismo, con unos criterios muy especiales, y su forma de ser una «buena persona» estará marcada por la definición del progenitor. Su comportamiento reflejará la visión de los demás. Mucho más tarde, el abismo entre su propia percepción y la de sus padres podrá causarle duda, confusión o angustia cuando deba enfrentarse a las decisiones. Para Rogers, es el momento de volver a sí mismo, a su autenticidad: «Esa curiosa paradoja que hace que, en el momento en que me acepto tal como soy, soy capaz de cambiar».[17]

En el caso de una consideración positiva incondicional, abierta y curiosa de la persona, la posibilidad del «verdadero sí mismo» existe y facilita el camino hacia la autorrealización. Se acepta al niño por lo que es, no solo por lo que ha hecho. Incluso si fracasa, la consideración positiva se mantiene, lo que favorece la curiosidad, la confianza y la creatividad. La persona está en línea entre lo que intuye de sí misma y su experiencia. Es el trabajo de toda una vida, pero que aporta una profunda confianza en sí misma. Esta consideración incondicional permite que el niño se acepte plenamente sin ser prisionero de un juego de espejos. Es el trampolín hacia una autonomía verdadera, pues fomenta una consideración positiva sobre sí mismo, una actitud positiva, que protege de una cierta dependencia de la consideración de los demás y que deriva en la autoestima.

«Si hay un punto en común entre el psicoanálisis freudiano, la filosofía contemporánea, la neurociencia y la psicología positiva es que la identidad es múltiple, plural, proteiforme», dice el filósofo Charles Pépin. Esto es lo que tranquilizará a quienes afirman carecer de confianza en sí mismos: ¡su «yo» fijo e inmutable ya no existe! Asimismo, no podemos «ser inexistentes», ya que somos plurales.

LA RELACIÓN ENTRE LA CONFIANZA EN SÍ MISMO Y LA AUTOESTIMA

¿Cuáles son los antídotos para ese sentimiento de impostura? «La buena y saludable autoestima, la que hará a la mujer independiente de la consideración, la aceptación u otra bendición otorgada por los hombres, es sin duda la clave de acceso a una relación serena de la mujer, de las mujeres consigo mismas», escribe la socióloga Patricia Braflan-Trobo.[18]

¿Buena o mala autoestima?

Ciertamente, la relación íntima con uno mismo y el libre albedrío son dos requisitos previos indispensables y que a menudo escasean en las mujeres. No tener una buena opinión de uno mismo, no quererse, no creer en uno mismo son otros de los motivos principales de duda de uno mismo y de sufrimiento mental. «Creo que soy una inútil», «soy fea», «me siento una incompetente», «eso no es lo suficientemente bueno»; todos estos prejuicios sobre uno mismo, adquiridos durante la infancia y a lo largo de la vida, afectan de forma evidente al comportamiento, las decisiones tomadas y la calidad de vida.

Al margen de cuáles sean las razones, esas autocríticas constantes alimentan la falta de confianza en uno mismo. En general, cuando nos queremos y nos juzgamos con una mirada compasiva, estamos a salvo de la opinión de los demás, somos más audaces en los proyectos y nos sentimos un poco más seguros para afrontar la vida. Un poco más confiados sin ser arrogantes.

La autoestima es, por tanto, la base a partir de la cual puede desplegarse la autoestima. Sin caer en definiciones confusas, la autoestima es a la vez un amor y una apreciación de uno mismo, un juicio de valor sobre la visión que se tiene de uno mismo.

Pirámides y modelos que facilitan la comprensión

En su libro *La autoestima*,[19] Christophe André (psiquiatra y psicoterapeuta) y François Lelord (psiquiatra y escritor) ven en la confianza en uno mismo uno de los componentes de la autoestima. Una autoestima armoniosa y equilibrada se basa en tres pilares:

- la confianza en uno mismo,
- la visión de uno mismo,
- el amor propio.

Para Frédéric Fanget, psiquiatra y psicoterapeuta, hay que añadir la autoafirmación a la ecuación. Esta es su pirámide de la confianza en uno mismo:[20]

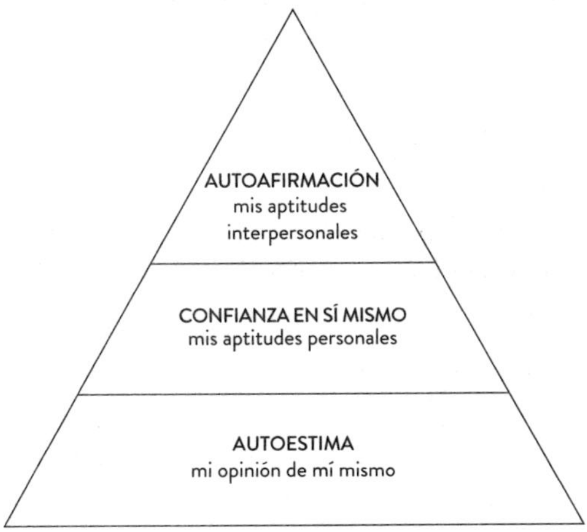

La autoestima supone saber, en nuestro fuero interno, que importamos intrínsecamente, sin condición.

Esta visión nos da alas y nos reafirma en nuestras aptitudes y capacidades.

Abraham Maslow, mencionado anteriormente en las páginas dedicadas al enfoque humanista, clasifica nuestras necesidades del siguiente modo:[21]

Clasificación de las necesidades según Maslow

El círculo virtuoso de la autoestima y la confianza en sí mismo

La autoestima es la plataforma de lanzamiento, el terreno fértil que permite pasar a la acción. Con esta seguridad emocional interior, podemos adquirir aptitudes; el aliento de la confianza se convierte en un motor para alcanzar los objetivos gracias a nuestras capacidades, que a cambio permite mantener una autoestima positiva.

Autoestima y aptitudes están relacionadas. Si tengo éxito gracias a mis aptitudes, confío en estas capacidades, que mantienen viva mi autoestima. Estamos en un círculo virtuoso. Cuando sentimos estima por nosotros mismos, confiamos en nuestra propia valía, en una autoafirmación única. Un buen conocimiento de nuestro sistema de valores que nos ayuda a definirnos y, de este modo, a reafirmarnos mejor es muy importante de cara a nuestra estima.

Otra consideración sobre uno mismo

Las manifestaciones de una mala autoestima son numerosas. Por poner algunos ejemplos, si esta base no es lo suficientemente sólida, nos sentimos desacreditados cuando nos critican en la oficina o ignorados durante una cena. En otros casos, queremos complacer a todos, no sabemos decir no. Dudamos de todo, incluso a la hora de enviar un correo electrónico. Al carecer de autoestima, tenemos problemas para pedir lo que necesitamos, tememos lo desconocido y, muy típico, nos comparamos de forma sistemática con los demás; nos encontramos peor, claro está, y nos preocupa qué pensarán los demás de nosotros. En esta imagen de baja autoestima, nos retraemos sin saber cómo poner límites y mantenemos de manera sistemática un perfil bajo, con una visión más bien pesimista. A veces, más que afirmarnos y ser receptivos a las críticas constructivas, llegamos a comunicar de forma pasiva-agresiva.

¿Estima alta o baja? No siempre es estable a lo largo del tiempo. Esta estimación emocional, cognitiva y subjetiva de nosotros mismos varía en función de si estamos en línea con nuestros propios valores o del modo en que queremos que nos perciban. Tener una visión luminosa de uno mismo está directamente relacionado con sentirse bien consigo mismo. Cuando nuestra autoestima es perfecta, somos más propensos a superarnos y a tener ganas de seguir adelante.

El psicólogo inglés Michael Argyle[22] señala que hay cuatro factores que pueden afectar a la autoestima:

- la reacción de los demás;
- la comparación con los demás;
- el papel que tenemos en la sociedad,
- y el modo en que nos identificamos con estos cometidos y con nuestros grupos de pertenencia.

El peso de la familia

Según Bariaud y Bourcet,[23] la autoestima designa «la actitud más o menos favorable de cada persona hacia sí misma, la consideración y el respeto a sí mismo, el sentimiento de su propia valía como persona». No existiría «una» autoestima, sino al revés: un aspecto multidimensional de la autoestima. «La autoestima global se nutre de sentimientos de competencia o cualidades en áreas concretas; pero no se reduce a ello y los supera con un significado más amplio y más existencial.»

Carl Rogers subraya, también él, esta realidad: la opinión que tenemos de nosotros mismos tiene sus raíces en los cientos de miles de interacciones con nuestros padres y se refleja en el concepto de «sí mismo», donde el niño depende de la consideración positiva (condicional o incondicional) de sus padres. Una consideración bondadosa y respetuosa, llena de un amor sin condición por parte de la familia, ayudará a tener una visión benévola de uno mismo. Las experiencias humillantes e hirientes, en él o fuera de él, podrán hacer que brote esta mala opinión que tiene de sí mismo, como hemos visto con la confianza en uno mismo.

Frente al peso de la consideración de los demás, en este «infierno», como escribe Sartre, la autora estadounidense Joan Didion aboga por cultivar la autoestima para evitar alejarse de uno mismo y acercarla a la noción de responsabilidad. Para ella, «el carácter, esta voluntad de ser responsable de su vida, es donde nace el respeto a uno mismo», donde el respeto a uno mismo es «una disciplina, un hábito mental que no se puede falsificar, sino desarrollar, ejercitar y mantener».[24]

Margaux tiene 33 años. Tiene que presentar su *start-up* ante inversores extranjeros. Es totalmente bilingüe, ya que ha vivido seis años en Inglaterra y ha trabajado los últimos quince meses en una incubadora de empresas de San Francisco. Repite su presentación una y otra vez, y pierde el aliento y su inglés. Pasa ante un cartel que alardea de las virtudes de una crema antiedad con un eslogan ya famoso.

«Pero mi lectura a través del filtro de la angustia me hizo leer: "Porque yo no lo valgo".»

Su historia tendrá un final feliz, pero Margaux tuvo que admitir su escasa autoestima e identificar los motivos; en su caso, la consideración despreciativa de su padre, profesor de inglés, durante la infancia. Y es esta poca estima lo que ha causado una falta de confianza.

Porque yo lo valgo

El eslogan «Porque yo lo valgo» (o «Porque nosotras lo valemos») es en sí mismo un manifiesto feminista. Presentado por primera vez en 1971, otorga el poder a las mujeres, reconoce su valor intrínseco, sin la necesidad de que un hombre lo valide.

Ilon Specht, la joven publicista que creó este eslogan, cuenta su origen:

> En aquella época, teníamos que promocionar una marca de coloración del cabello, L'Oréal Préférence. La marca de la competencia, más barata, daba la palabra a los hombres: «¿Se tiñe ella el pelo o no?».
>
> Estábamos sentados en una gran oficina. Y todos opinaban sobre a qué tenía que parecerse el anuncio. Querían hacer algo relacionado con el género: una mujer sentada junto a la ventana, el viento que levanta las cortinas... La mujer era tan solo un objeto, creo que incluso ni hablaba... Yo tenía 23 años; me di cuenta de que tenían una visión tradicional de la mujer y me dije que no iba a escribir un eslogan sobre querer complacer a los hombres. Solo pensé: «¡Iros a la mierda!». Y redacté el texto en cinco minutos. Estaba enfadada y eso fue muy personal.[25]

Traducido a más de cuarenta idiomas, el eslogan es sin duda uno de los más famosos en el mundo. Confianza en uno mismo, autoestima; transmite todo eso. Y también una forma de libertad.

Diana, 39 años, casada y madre de dos hijos en edad escolar, tiene problemas para plantearse volver al trabajo, al tiempo que su marido experimenta frecuentes ataques de celos, y así ha sido desde el nacimiento de su primer hijo.

Sin embargo, su vida de soltera estaba repleta de posibilidades. Tras su doctorado en Biología, obtuvo un puesto en un gran laboratorio de investigación en la región de París, un trabajo apasionante. Su manera de contribuir a la humanidad.

«Mi madre fue muy crítica y no mostró interés. Mientras malcriaba materialmente a sus hijos, no pudo dejar de recalcar lo que estaba mal. La adolescencia fue el punto culminante de los conflictos: mi madre no dejó de hacer comentarios despectivos sobre mi aspecto físico; en especial cuando me vestía demasiado "sexi", me trataba de "gran jirafa adolescente". Mi padre vivía absorto en su trabajo de ingeniero; estaba muy poco presente. Mi matrimonio con mi novio de la universidad me permitió alejarme de mis padres; fue sinónimo de libertad y amor.»

Tres mudanzas después, en Francia y luego en el extranjero para seguir a mi marido, Diana lleva fatal la entrada en la cuarentena; es incapaz de tomar decisiones («Hace mucho tiempo que me apoyo en mi marido») o de proyectarse cuando sueña con retomar su trabajo.

«Tengo la impresión de que ya no sé quién soy. Siento un gran vacío dentro de mí.»

Un progenitor centrado en sí mismo (sin hablar de narcisismo parental, una forma bastante extrema de toxicidad relacional) tenderá a anteponer sus necesidades a las de su hijo y, si abusa de las críticas, el niño aprenderá muy rápido a dudar, a perder su espontaneidad, a reflexionar ante cualquier hecho, lo cual impregnará su vida de un halo de inseguridad frente a la cotidianeidad. Este cuestionamiento incesante resta impulso hacia el exterior y puede llevar más tarde a una indiferencia a la hora de tomar decisiones. Las vacilaciones y las dudas formarán parte del entramado psicológico, ya que, para protegerse, se acostumbra a no elegir, a no expresarse, lo que se convierte en un mecanismo repetitivo.

Cuando se etiqueta a un niño como «vago», «difícil», «estúpido» o «malo», eso lo reduce a un atributo negativo que eclipsa no solo la complejidad de una personalidad, sino que también puede dar lugar a un sentimiento de confusión de su identidad. De ahí esa sensación de vacío mencionada durante la fase aguda que atraviesa Diana al inicio de la nueva década. Diana se encuentra paralizada ante su deseo de reinserción laboral, pese a sus numerosos títulos y una experiencia profesional breve pero prestigiosa. La falta de consideración gratificante y confiada del padre ha podido ser también un factor en la generación de confianza en sí misma. Da la impresión de que no esperaba mucho de su hija; en todo caso, no expresó qué aspiraciones podría haber tenido para ella. No obstante, la consideración del padre es significativa, puesto que se abre al exterior, al mundo y al aspecto incierto de la existencia.

Las estrategias de compensación para sentirse amada y apreciada pueden contribuir asimismo a explicar los ataques de celos. Diana ha aprendido a guardar silencio, a acallar su verdadera voz, sus verdaderos pensamientos, teniendo cuidado de evitar pensar en lo que ella en realidad desea, con el fin de protegerse de posibles decepciones.

Cada día nos inventamos y creamos nuestra vida donde el «sí mismo» aborda el mundo, donde el «sí mismo» está relacionado con el mundo. Durante nuestra infancia, si acallan nuestra voz, la posibilidad de autodeterminarse será aún más difícil, sobre todo en un contexto social que contribuye a mantener ese silencio y a reducir así la confianza en uno mismo.

La poetisa y escritora estadounidense Sylvia Plath ya lo «clamó» de manera profética, cuando describió su experiencia de mujer burguesa, instruida y destinada a un confinamiento en casa, con toda la violencia contenida que podía entrañar.

> Para quien se encuentra bajo la campana de cristal, vacío e inmóvil como un bebé muerto, el mundo mismo no es más que un mal sueño. [...] Por primera vez en mi vida, me sentí superficial, sentada en medio de las Naciones Unidas a prueba de ruidos, entre Constantin, que sabía jugar a tenis y traducir simultáneamente, y la chica rusa, que sabía muchos, muchísimos idiomas. El problema estaba en que

hacía mucho tiempo que yo no servía para nada, y, lo que es peor, que no fue hasta ese momento cuando me di cuenta.

Lo único en lo que era buena era en obtener becas y premios, pero esa época llegaba a su fin.[26]

¿Qué hacer para empezar a tomar las riendas? Diez consejos

1. Para tener confianza y no subestimarte, comienza por tranquilizarte aceptando que has trabajado mucho y que te mereces tus logros. No te pierdas en cuestionamientos infinitos, sobre todo si empiezan por «¿Y si…?». La hipótesis solo puede provocar dudas.
2. Haz la lista de tus valores y vive en consonancia con ellos. Es tu brújula, la que te permite afirmarte, decir no, elegir y, por tanto, consolidar tu confianza en ti misma.
3. Rodéate de un grupo de amigos, de un mentor, de compañeros condescendientes con quienes compartir tus logros y tus flaquezas.
4. En cuanto a las redes sociales, apuesta por las mujeres inspiradoras, las mujeres auténticas, no las modelos retocadas que muestran su felicidad a golpe de Photoshop. Son muchas, esas heroínas de todos los días, esas acróbatas de la vida cotidiana. ¡Echa un vistazo a la cuenta de Instagram @jameelajamilofficial o @i_weigh!
5. Anota y guarda una lista de tus logros cada año, a modo de regalo; congela la imagen de un mo-

mento del que te sientas especialmente orgullosa de ti. Identifica las cualidades que te han ayudado a conseguirlo, piensa de nuevo en cómo te sentiste entonces. Esto refleja la quintaesencia de tus esfuerzos y te define.

6. Afronta tus pensamientos negativos, los que sobrevaloran a los demás y menosprecian tus capacidades. Con el tiempo, estas formas de autocrítica se convierten en realidad. Intenta ser neutral; separa lo que es un hecho de lo que es una convicción. Y, sobre todo, ten cuidado al usar un lenguaje que no sea denigrante. En lugar de decir: «No sé hacer eso, soy incapaz de hacer eso», di: «Aún no consigo hacer eso». En lugar de decir: «No sirvo, tengo miedo de hacer eso», di: «Aún no me siento cómoda con eso». Ser indulgente con uno mismo depende del lenguaje. Lo demás ya vendrá.
7. No olvides que los demás también tienen su parte de sombra y flaquezas. Lo desconocido y la incertidumbre forman parte de la condición humana. ¡Acepta tu parte de responsabilidad, asume tus decisiones!
8. Atrévete a lanzarte a lo desconocido, mientras te preparas con antelación, sin centrarte demasiado en los resultados. Ponte objetivos realistas, asequibles. Todos estos minitriunfos ante las nuevas actividades estimularán el sentimiento de confianza en ti misma.
9. Algunas convicciones, como desear que todo el mundo te quiera, no son ni viables ni verosímiles. No puedes caerle bien a todo el mundo y lo mis-

mo a la inversa. Cuanto antes aceptes un cierto rechazo, mejor te sentirás. Lo mismo vale para el fracaso. Primero tenemos que fracasar para darnos cuenta de que no es tan grave y que, al superar la prueba, ganamos confianza.

10. Por último, imponte, ábrete a los demás y a ti misma con gentileza y compasión. La confianza en uno mismo es como la vida: es un arte que hay que cultivar.

2

LOS ORÍGENES DE LA FALTA DE CONFIANZA EN SÍ MISMAS DE LAS MUJERES

Sabemos lo que somos,
pero ignoramos lo que podríamos ser.
WILLIAM SHAKESPEARE

El 13 de julio de 1909, en el «Poema leído en la boda de André Salmon», Guillaume Apollinaire dijo: «Fundados en poesía, tenemos derechos sobre las palabras que forman y deshacen el universo». Poder desmesurado de las palabras, verbo casi divino, el lenguaje no es solo un privilegio de los poetas. Creamos el mundo con las palabras y las palabras nos crean. Por eso debemos estar atentos y elegir las palabras que van a formar nuestro mundo, nuestra sociedad, nuestra familia. El lenguaje define nuestra realidad. Así es como comienza la atribución de poder a los hombres.

En *Mujeres y poder: un manifiesto*,[1] Mary Beard examina el pasado y se remonta a la Antigüedad para explicar la forma en que el poder fue concebido por y para los hombres. Las mujeres, que no tenían ni voz ni voto, fueron reducidas al silencio. Para ilustrar sus palabras, nos recuerda ese momento de la *Odisea* en el que Telémaco ordena a su madre que se calle: «¡Silencio, madre! Hablar es cosa de hombres. Vuelve a tus aposentos». Y Penélope obedece. Vale la pena remontarse tan lejos para comprender hasta qué punto algunas creencias están arraigadas en nosotros. Los estereotipos, los esquemas mentales, los arquetipos que debemos invertir para que se oiga nuestra voz, hacernos con el poder y ganar confianza. Y el lenguaje es sin duda el primer instrumento, la primera fuerza a nuestra disposición.

Por lo que respecta a la gramática, el dominio masculino también ha dejado su huella: la lingüista Éliane Viennot explica que el masculino no siempre ha prevalecido sobre el femenino.

> Nuestra lengua [francesa] está totalmente preparada para expresar igualdad: desde el siglo XVII, los gramáticos han masculinizado deliberadamente la lengua. Han condenado los nombres femeninos e inventado reglas como «el masculino prevalece sobre el femenino». [...] Veamos la palabra *autora*, que ya existía en el siglo XV. Los franceses creen que se trata de un neologismo. No obstante, son los gramáticos machistas —es decir, los hombres que están a favor del monopolio masculino en esta profesión— quienes la han hecho desaparecer.[2]

Devolver a las palabras su parte femenina. Rechazar los esquemas y tirar por la borda el ancla de unos estereotipos que pesan toneladas. Porque si a las mujeres a veces les falta confianza en sí mismas es ante todo una cuestión histórica, de presión social, de familia, de lenguaje, de creencias.

LOS MOTIVOS HISTÓRICOS

Durante mucho tiempo, las mujeres han sido víctimas del patriarcado y han sido criadas en la fragilidad. La falta de confianza de las mujeres es consecuencia, en buena medida, de una herencia histórica. Es el resultado de siglos, incluso de milenios, de supremacía masculina.

Privadas de historia

Michelle Perrot y Georges Duby lo han demostrado en su colosal *Historia de las mujeres en Occidente*.[3] A diferencia de los hombres, que desde la Antigüedad escriben sus hazañas con el fin de que el tiempo no borre sus huellas, las mujeres, ellas, no tienen historia: madres silenciosas, amas de casa invisibles, se desvanecen en el gran teatro de la memoria. Ni siquiera tienen una personalidad jurídica en las grandes civilizaciones de la Antigüedad, griega y romana, al igual que los niños y los delincuentes. Sin figurar en los censos, durante siglos ellas simplemente no existen. Como dice Michelle Perrot:

> [Me] percaté de que nadie se ocup[ó] de la historia de las mujeres: todas las disciplinas se ocupan de las mujeres,

no de la historia. No se sabe nada de ellas, son invisibles, excepto Juana de Arco y otras heroínas incluidas en el panteón de la gloria.[4]

¿Cómo puede la mujer tener confianza en sí misma si no tiene historia?, ¿si, como dijo Napoleón Bonaparte, «[ella] es entregada al hombre para darle hijos. Es, por lo tanto, su propiedad, como el árbol frutal lo es del jardinero»?

La pequeña tienda de los horrores 1: lo que se hace con las mujeres

¿Cómo se puede tener confianza en una misma cuando se está dominada desde el principio?

Si las mujeres son víctimas del dominio masculino en todas las sociedades conocidas en Occidente, y así ha sido desde la época grecorromana, ¿qué ocurre en los pueblos indígenas o en las sociedades anteriores a la civilización? Dos antropólogos[5] se han mostrado interesados en este tema y el resultado es apasionante.

> Veamos el ejemplo de los baruyas de Nueva Guinea, a los que estudió el antropólogo francés Maurice Godelier: [...] A las mujeres se las priva de todo lo que puede verse como un derecho; los hombres se crían en el desprecio más absoluto por las mujeres. Hay cosas incluso alucinantes, como el desdoblamiento de todos los caminos entre los poblados; el de la parte

alta está reservado a los hombres, naturalmente, y el de la parte baja, a las mujeres. Y cuando por casualidad una mujer se cruza con un hombre fuera de un camino, ella se ha de meter entre los arbustos y taparse la cabeza con su capa para no establecer contacto visual... También podemos citar el caso de los amahuacas del Amazonas [...]. Un etnólogo escribió:

«En general, los hombres ejercen una autoridad considerable sobre las mujeres. Cuando se casan, el marido puede pegarle a su mujer en los hombros, los brazos, los glúteos y la espalda con un garrote especial hecho de madera dura y dotado de una hoja plana con los bordes afilados. Una paliza con este garrote puede ser tan fuerte que después la mujer a duras penas podrá caminar durante varios días. Se puede golpear a una mujer por haber contrariado a su marido, por ejemplo, al no prepararle la comida cuando él quiere o por echar demasiada sal a los alimentos.»

Otro ejemplo son los mundurucu del Amazonas, que practican la violación en grupo para castigar a las mujeres que se han portado mal, que se han atrevido a desafiar la autoridad o por haber mirado los objetos sagrados masculinos. El etnólogo que los ha estudiado explica que los hombres le dijeron con orgullo: «Domamos a las mujeres con nuestros bastones».

[...]

Pero (y es sorprendente) no hay ninguna sociedad donde exista una supremacía femenina [...]: jamás se ha encontrado de verdad una sociedad matriarcal en la que las mujeres sean las que tienen el poder exclusivo y dirijan la sociedad y a los hombres. No existe.

Aparte de la maternidad, no hay salvación

En la última entrevista que le concedió a Karine Tinat para *Socio, la nouvelle revue des sciences sociales*,[6] la antropóloga y etnóloga Françoise Héritier[7] repasa la experiencia cognitiva de esta supremacía masculina, que fue una revelación. De niña, pasaba sus vacaciones de verano en una granja de un tío de su padre. En las escaleras había colgados dos grabados del siglo XIX, dos imágenes de Épinal que representaban las etapas de la vida. Para el hombre, dice, era simple: primero aparecía representado un niño que jugaba con un *hula hoop*. Después se lo veía, de joven, enamorarse. A los 30 años, abrazaba a una mujer y sus hijos. Luego regresaba de cazar y saludaba a su hijo mayor. Por último, estaba de pie en el escalón más alto, con los brazos abiertos, con la siguiente leyenda: «A los 50 años, abraza el pasado, el presente y el futuro». A partir de ahí, siempre aparecía solo, cada vez más debilitado pero siempre en movimiento, viajando, formándose. A los 60 años, estaba sentado en bata en un sillón con la leyenda: «Sin emoción, espera la muerte».

La mujer, por su parte, primero aparecía de pequeña, con sus muñecas. A los 20 años, descubría el amor. Luego la maternidad la colmaba. A los 40 años, bendecía a sus hijos que se casaban.

> Y a los 50 años... —prosigue Françoise Héritier— [nacía] en mí una auténtica perplejidad, que ha durado varios años antes de darme cuenta de qué se trataba. La leyenda decía: «A los 50 años, se detiene; al nieto, lo celebra». No entendí de qué se detenía... Después, se la veía descender. Nunca estaba sola, apoyada siempre en un nieto o en un bisnieto, a diferencia del hombre, que estaba siempre solo. Cuando llegaba a los 60, estaba «sin ánimo» esperando la muerte, mientras que él estaba «sin emoción». Claro está, no pude evitar sentirme asombrada por esta discordancia de épocas; las temporalidades eran las mismas, pero lo que se veía en cada escalón era tan distinto... El destino del hombre me atrajo más que el de la mujer.

¿Qué significa esto? Que a los 50 años la mujer está menopáusica, ya no puede procrear y ya no existe como persona. De ahí su declive que la obliga en todo momento a apoyarse en un varón, nieto o bisnieto, y nunca en una nieta...

> Así pues, jamás se despegó, por así decirlo, de los pantalones de los hombres porque, desde los 20 años, su corazón cándido se abrió al amor. A los 40, el marido desapareció, pero ella se casó con su hijo; y a los 50, celebró la llegada del nieto, pero sobre todo se detuvo. Dicho de otro modo, claudicó y se acabó; [...] Dios mío, qué destino...

Durante siglos, la mujer tan solo ha existido por medio del matrimonio y la maternidad. Su educación se reduce a las artes domésticas. Esto recuerda al personaje de Nora en *Casa de muñecas*, de Ibsen (1879), que pasa de la casa de su padre a la de su marido. Este último le recuerda sus deberes sagrados: «Ante todo eres esposa y madre». Nora se marchará para vivir por su cuenta y se convertirá así en el símbolo de la emancipación femenina.

Los tiempos han cambiado. Si, en 1804, el Código Civil francés establece que «el marido debe proteger a la mujer, la mujer debe obedecer a su marido», el divorcio por mutuo acuerdo existe, sin embargo, desde 1792. Las escuelas femeninas aparecen a partir de 1850 y, en 1870, Jules Ferry pide la enseñanza para ambos sexos. Las mujeres obtienen el derecho al sufragio en 1944 en Francia y, desde 1965, pueden ejercer una profesión sin la autorización de su marido. Sin embargo, hay que esperar hasta 2006 para que se introduzca el concepto de respeto en las obligaciones matrimoniales y hasta 2014 para «la verdadera igualdad entre hombres y mujeres».[8] En cuanto a la emancipación, ella, ciertamente, ha progresado mucho a partir de los años sesenta. La reforma del régimen matrimonial, en 1965, permite a las mujeres abrir una cuenta bancaria y trabajar sin la autorización de su marido. Dos años después, la ley Neuwirth autoriza la anticoncepción. A continuación viene el Movimiento de Liberación de la Mujer (MLM) y, en 1975, la ley Veil.

Sin embargo, la no disminución del número de mujeres asesinadas por su pareja (una mujer cada dos días en 2019) muestra la magnitud de la labor que queda por hacer. Según la Organización Mundial de la Salud (OMS), la violencia conyugal alcanza al 25 % de las mujeres en Europa. Como recuerda el doctor Philippe Brenot,[9] antropólogo y sexólogo, los feminicidios son una particularidad de los seres humanos.

Debido a su perspectiva antropológica, Françoise Héritier[10] es la única que realmente ha destacado lo que todos deberíamos saber: la violencia entre sexos distintos es una característica humana. [...] El hombre es la única especie donde los machos asesinan a las hembras de su especie.

Incluso si la violencia entre ejemplares del mismo sexo está presente en el mundo animal, jamás lo está entre sexos distintos.

La pequeña tienda de los horrores 2: lo que se dice de las mujeres

Cómo tener confianza en una misma cuando llevan siglos diciéndotelo...

Versión fallida del macho, débil por su constitución y obstaculizada por su biología, la mujer carece de fuerza e inteligencia, a diferencia de su réplica masculina... Charlatana, embustera, derrochadora; solo vale para la reproducción y los placeres domésticos. Si carece de belleza, entonces ¿qué le queda? ¿Su dote?

Para Platón, la mujer es la metamorfosis de los hombres más viles en mujeres: «Aquellos varones cobardes y que han malvivido se han [...] transmutado en hembras». *(Timeo)*

Según Aristóteles: «La mujer es como un varón mutilado, y las reglas son una semilla, pero no es pura: solo le falta una cosa, el principio del alma». *(Generación de los animales)*

Para Galeno: «La hembra es más imperfecta que el macho por una razón primordial capital, que es más fría. [...] En la especie humana, el hombre es más perfecto que la mujer. La causa de esta superioridad es el exceso de calor». *(Sobre la utilidad de las partes del cuerpo humano)*

Para Santo Tomás: «Una mujer es un ser deficiente y cuya creación ha sido sin querer»; «Las mujeres son inferiores a los hombres debido a su cuerpo patógeno: se consideran incapaces de dominarse, de dominar su cuerpo, un cuerpo que sufre, que se hunde, un cuerpo que se obstruye, que agoniza».

En el siglo XVI, según Jean Liébault: «[...] el cuerpo de la mujer es débil y enfermizo». *(Trois livres des maladies et infirmitez des femmes)*

Según Voltaire: «Las mujeres parecen veletas; se fijan cuando se oxidan». *(Pensées, remarques et observations)*

Mirabeau dice: «Somos nosotros quienes hacemos que las mujeres sean como son; y he aquí por qué no valen nada». *(Lettres écrites du donjon de Vincennes)*

Para Napoleón I: «Nosotros, los demás pueblos de Occidente, lo hemos estropeado todo al tratar demasiado bien a las mujeres [...]». *(Memorial de Napoleón en Santa Elena)* «No debemos considerarlas como a los hombres, y en realidad no son más que máquinas de hacer niños [...]. Vale más que trabajen con la aguja que con la lengua». (Con motivo de la creación del internado femenino de la Legión de Honor, 1807.)

Según Schopenhauer: «En el mundo solo debería haber amas de casa, dedicadas al hogar, y jóvenes que aspiran a convertirse en eso, y que se formarían no en la arrogancia, sino en el trabajo y la sumisión». *(Ensayo sobre las mujeres)*

Según Nietzsche: «La mujer es una superficie que imita la profundidad».

Para Courteline: «Las mujeres son tan mentirosas que ni siquiera podemos creer lo contrario de lo que dicen».

Baudelaire confiesa: «La mujer es natural, es decir, abominable». *(Mi corazón al desnudo)*

Según Julio Verne: «Las mujeres jamás intervienen en mis novelas sencillamente porque hablarían todo el rato y los demás no podrían decir nada».

Según Freud: «La inferioridad intelectual de tantas mujeres, que es *una realidad indiscutible*, se debe atribuir a la inhibición del pensamiento, inhibición necesaria para la represión sexual». (*La vida* sexual) Y también: «*Es un hecho conocido*, y que ha proporcionado a los hombres abundante material para la recriminación, que a menudo el carácter de las mujeres se altera especialmente cuando han renunciado a su función genital. Se vuelven pendencieras, liosas y discutidoras, mezquinas y avaras; de esta forma, hacen gala de rasgos de erotismo sádico anal que antes no tenían, durante su femineidad». («La predisposición a la neurosis obsesiva», conferencia.)

Con Oscar Wilde: «Las mujeres constituyen un sexo puramente decorativo. Nunca tienen nada que decir, pero lo dicen de una manera encantadora». *(El retrato de Dorian Gray)*

Sacha Guitry se burla: «Si la mujer fuera buena, Dios tendría una».

Jules Renard confiesa: «Hace dos años que no hablo con mi mujer; es para no interrumpirla». *(Diario)*

Alain afirma: «A menudo me dan ganas de preguntar a las mujeres por qué reemplazan la inteligencia». *(Les Passions et la Sagesse)*

Para Hervé Bazin: «El mejor preservativo es la fealdad». *(Traits)*

Para Faulkner: «Las mujeres no son más que órganos genitales estructurados y dotados de la facultad de gastarse todo el dinero que poseen». *(Mosquitos)*

Pierre Belfond señala: «En muchas mujeres, los pensamientos se elevan cuando los pechos caen».

Coluche subraya: «Dios ha creado el alcohol para que las mujeres feas puedan follar».

Estas palabras producen vértigo. La falta de confianza de las mujeres figura en su historia. ¿Cómo deshacerse de siglos de sumisión y obediencia? ¿Cómo lograr apropiarse del derecho de igualdad y tener confianza cuando el dominio masculino ha pesado durante tanto tiempo en el equilibrio de fuerzas?

No atreverse a pedir un aumento, a satisfacer un deseo sexual, no atreverse a intervenir en un grupo de hombres; todo eso forma parte de un pesado legado. El imaginario colectivo de las mujeres está impregnado de esa duda, de esta dificultad para atreverse a preguntar abiertamente, a estar convencidas de que merecen el éxito o la realización.

Desde el movimiento #MeToo, se ha abierto el melón; las mujeres han tenido más confianza en sí mismas y al fin se han atrevido a describir sus historias de agresiones, llenas de frustración y rabia. Un repertorio emocional sombrío, oculto en el fondo del corazón y que la sociedad difícilmente asocia a un modelo femenino, lleno de dulzura y conformidad.

La pequeña tienda de los horrores 3: cuando los diccionarios actuales aparecen en escena

Más cercano a nosotros, este descubrimiento instructivo: al buscar en Google un sinónimo de *woman*, Maria Beatrice Giovanardi descubre otro museo de los horrores: «*filly, bird, baggage, bitch, maid, wench*», que podría traducirse por «potranca, pájara, arpía, perra, criada, fulana». Como para caerse de la silla. Enseguida comprueba en el diccionario de referencia Oxford y ahí, otra bofetada. Entre las descripciones para definir a la mujer figuran, por ejemplo: «Una mujer depende de un hombre», «Una mujer es un objeto sexual», «Una mujer es irritante para los hombres», «La mujer no es igual al hombre»...

Consternada, la joven habla con su compañera, Sarah Creuer. Dedicada desde hace tres años a la asociación feminista Fawcett Society East London, esta última, una francesa instalada en Londres desde hace cinco años, decide entonces, junto con Maria Beatrice Giovanardi, lanzar la campaña #IAmNotABitch con el fin de cambiar las cosas. En julio, se hizo una petición en el sitio Change.org con el objetivo de reunir un mínimo de diez mil firmas, cifra alcanzada ampliamente, ya que casi treinta mil personas apoyan ya esta iniciativa.[11]

Falta de confianza en sí mismas

La historiadora Christine Bard, especialista en historia de las mujeres,[12] ha publicado numerosos libros desde su tesis, *Les Filles de Marianne, histoire des féminismes, 1914-1940*.[13] Se interesó en la dimensión simbólica del vestir en *Historia política del pantalón*[14] y *Ce que soulève la jupe*.[15] También se preguntó si la afirmación según la cual «las mujeres carecen de confianza en sí mismas» tenía fundamento. ¿No se siente culpable? Las mujeres no solo sufren discriminación, sino que las culpamos al insinuar: «Si os reafirmarais más, si tuvierais más arrojo y confianza en vosotras mismas, no tendríais estos problemas». Naturalmente, esto es falso y añade una mayor culpabilidad.

> En la relación dominante-dominado, el dominado, por definición, carece de confianza en sí mismo porque está oprimido, privado de poder, se le niegan sus capacidades y su creatividad, le quitan su libertad. Dominadas, las mujeres se ven por tanto privadas de confianza en sí mismas. Claro está, la historia de las mujeres no se reduce al dominio; también está llena de renuencias y de brillantes excepciones a la regla que se convierten en modelos y mantienen vivo de este modo el proceso de resistencia, porque estas mujeres son motivadoras y reflejan la idea de que la igualdad es posible en todas las esferas.

La relación con el cuerpo

Pensamos en la confianza en uno mismo en los aspectos profesionales, políticos, pero, según Christine Bard, también se trata de algo más íntimo relacionado con el cuerpo: cuando está dominado físicamente, humillado psicológicamente o controlado por la mirada de los demás, es evidente que la falta de confianza en uno mismo se siente en carne propia. Bard dice:

> Pensamos en conseguir algo de seguridad de manera ilusoria, confiando en aspectos físicos, el vestir, ajustándonos a la norma, pero, en el fondo, siempre está abocado al fracaso. Tal vez las mujeres buscan la perfección, que es la otra vertiente de falta de confianza en uno mismo.

Ciertamente, ha habido una emancipación de las mujeres. Prosigue:

> Pero les quitas el corsé a las mujeres y se crean un corsé interior, la obligación de estar delgadas y musculosas, con cuerpos de jovencitas. Las mujeres siempre se reducen a su cuerpo; en la representación de género que existe en el dominio masculino, las mujeres son la naturaleza, lo biológico, la reproducción, los órganos sexuales... El cuerpo es fundamental. También me hago preguntas sobre determinados aspectos en el punto de contacto entre lo biológico y lo social; no me detengo por completo en esta hipótesis: la naturaleza siempre está atrapada en la cultura. Pienso sobre todo en un comentario de una de mis amigas, pro-

fesora de Geografía e Historia, que me contó: «Me molesta reconocerlo, pero, cuando llevo tacones altos, tengo más confianza en mí misma, más seguridad delante de mis alumnos». ¿Qué significa llevar tacones altos? La hipótesis biológica: realzar la estatura de las mujeres. Los hombres y las mujeres pudieron, en otro tiempo, tener la misma estatura, y, con el paso de los siglos, las actividades y las carencias alimentarias de las mujeres han hecho que sean más bajas que los hombres. En este momento se produce un reajuste porque la sociedad es más igualitaria. En todo caso, con los tacones altos, nos acercamos a la altura media de los hombres. ¿O es el poder sexual atribuido al zapato, ese fetiche dotado de erotismo? Las mujeres que llevan tacones, ¿se sienten más deseadas, más respetadas? Son reflexiones interesantes.

¿A qué complementos recurren las mujeres para adquirir confianza en sí mismas? Ropa hipersexualizada (versión femenina como hace Madonna o muy masculinizada) o mediante el deporte.

Otras mujeres, contra todas las reglas, asumen su diferencia, como la cantante Juliette, a la que adoro. Es una mujer fuerte; apareció en el escenario con un *bustier* que se ceñía realmente a sus formas; esa es una auténtica imagen de empoderamiento.[16] Y también su canción «Rimes féminines». Os aconsejo que veáis a Juliette en concierto cantando «Rimes féminines». ¡Escuchad bien todas las palabras! Con la música, su interpretación, el lenguaje del cuerpo...; ¡es fantástico!

> *Julie, Juliette ou bien Justine,*
> *Toutes mes rimes féminines*
> *Clara Zetkin, Anaïs Nin*
> *Ou Garbo dans* La Reine Christine.
> *Sur le céleste carrousel,*
> *Choisir entre ces demoiselles*
> *Camille Claudel, Mam'zelle Chanel*
> *Ou l'enragée Louise Michel.**

La relación con la palabra

Christine Bard observa que los chicos cada vez participan más que las chicas, toman la palabra y la mantienen, incluso también en el curso de la historia del género, una constatación triste para una profesora feminista como ella.

> ¿Cómo actuar? Si se llama la atención a las chicas, la situación se bloquea. Se debe actuar con delicadeza para evitar añadir leña al fuego, ya que se sienten humilladas por devolverlas a su falta de confianza en sí mismas. En los ayuntamientos, paritarios desde hace algunos años, se ha celebrado la paridad como un gran acto de igualdad; no es falso, pero si se mide el tiempo de intervención, se constata que los hombres hablan el doble de las ve-

* Julie, Juliette o Justine, / todas mis rimas femeninas. / Clara Zetkin, Anaïs Nin o Garbo en *La reina Cristina*. / En el carrusel celestial, / elegir entre esas damas, / Camille Claudel, la señorita Chanel / o la rabiosa Louise Michel. *(N. de la t.)*

ces y el doble de tiempo que las mujeres, es decir, poseen tres cuartas partes del poder, por la intervención y por el tiempo que dura. Esto demuestra que, incluso si no es algo consciente, se siguen reproduciendo las relaciones de desigualdad.

El Instituto Nacional del Audiovisual de Francia ha analizado setecientas mil horas de programas (desde 2001 hasta 2018) y ha llegado a la conclusión de que las mujeres hablan la mitad de tiempo que los hombres en los medios de comunicación.[17] En la empresa, el 50 % de las mujeres consideran que ser interrumpidas durante su intervención es una de las tres situaciones más sexistas que hay (junto con el acoso sexual y la desigualdad salarial debido a su género). «Es lo que los anglófonos llaman *manterrupting*, comportamiento sexista que consiste, para los hombres, en interrumpir a las mujeres, sobre todo durante una reunión o en público.»[18]

Una intervención pública y mediática todavía tímida, aun cuando algunos datos pretenden ser optimistas: se observa un aumento del 7 % en el tiempo de intervención de las mujeres en las cadenas públicas...

Cambiar la sociedad para «empoderar a las mujeres»

Es necesario un trabajo psicológico; cada una tiene que analizar y entender la manera en que el dominio masculino le afecta individualmente. Pero no basta restablecer la confianza pisoteada de las mujeres y su lugar en el mundo. Aunque pueden intervenir diversos factores, para Christine Bard, el 99 % del esfuerzo reside en un hecho colectivo: cambiar la sociedad en la que vivimos, cambiar radicalmente las condiciones de trabajo, la educación. No podemos vivir en una sociedad en la que una minoría de las mujeres accede a cargos importantes, donde la gran mayoría se atiene a sus funciones, sus salarios y sus puestos totalmente resignadas y en profesiones menos valoradas —erróneamente—, como la salud, la educación, lo social...

> Habrá que cambiar las costumbres, la educación en las familias, el modo de vida, la forma de hablar, la manera de vestirse. Son cambios culturales muy profundos y que no solo competen a las mujeres. Porque las mujeres no pueden empoderarse si, por otro lado, los hombres no se desempoderan. Se oye hablar a muy pocos hombres sobre las violencias sexuales desde el #MeToo... Mis estudios como historiadora me llevan a ser cada vez más revolucionaria, a darme cuenta de hasta qué punto está bloqueada nuestra sociedad, hasta qué punto estamos atascados en esta historia de dominio masculino; ni siquiera podemos soñar otro mundo; queda mucho por hacer.

El juicio constante

Incluso a las mujeres eficientes, que tienen éxito «como los hombres», se las señala con el dedo: se dice que están masculinizadas, que son crueles, que ya no son mujeres de verdad, que son más malvadas que los hombres.

Esta ansiedad por el rendimiento de género no se ha tenido lo suficientemente en cuenta; no hay ninguna deconstrucción de las normas heteronormativas que se nos imponen socialmente. Un clásico de las bibliotecas feministas, el libro de Elena Gianini Belotti *A favor de las niñas*,[19] muestra que la transmisión de códigos de género en la educación se realiza incluso antes de nacer, en las expectativas de los padres, en lo que proyectan sobre tener una niña o un niño, empapelando la habitación de azul o de rosa; por tanto, está considerablemente arraigado en la mente de los padres y los niños lo reciben. Como tribunales de género —la familia, los compañeros, los profesores, la calle—, juzgamos sin cesar la conformidad o disconformidad, ya sea en el trabajo o en la sexualidad.

Otra vez la falta de confianza y siempre bien arraigada...

En diciembre de 2018, se concluyó una tesis en el ámbito médico. Su objetivo era examinar la relación entre el género y una carrera académica en la medicina, dado que la representación de las mujeres en la medicina académica es escasa.

A la pregunta «¿Dudas de tus capacidades para hacer una carrera en un hospital universitario?», el 62,4 % de las mujeres respondió «sí» frente al 17,7 % de los hombres (204 encuestados, todos internos en ginecología obstétrica en París).

En el subgrupo de quienes, hombres y mujeres, afirmaban querer hacer una carrera en un hospital universitario (31 encuestados), el 54,5 % de las mujeres respondió «sí» frente al ¡0 % de los hombres![20]

Abundan los ejemplos de este tipo. Su origen se encuentra en nuestra historia, pero también en nuestro biotopo social.

LOS MOTIVOS SOCIALES

En 1791, Olympe de Gouges, mujer de letras y mujer política, dirige a María Antonieta una *Declaración de los Derechos de la Mujer y de la Ciudadana*, en respuesta a la *Declaración de los Derechos del Hombre*, promulgada dos años antes. «Sean cuales sean las barreras a las que te enfrentas, de ti depende franquearlas; tan solo has de quererlo», escribe en el postámbulo. La historia derrotará su optimismo: morirá en la guillotina dos años después.

Hoy en día, si bien aún existen desigualdades en los salarios (un 24 % menos al año por término medio),[21] lo cierto es que las mujeres han esquivado una serie de barreras para liberarse. Realizan estudios tan prestigiosos como los hombres, se casan, se divorcian, tienen amantes, son independientes.

Entonces ¿cómo se explica que persista la falta de confianza?

Las exigencias en torno al cuerpo

Estamos en una sociedad ultraconectada y sometida constantemente a exigencias sociales, de perfección, de rendimiento, de belleza. Mostramos nuestra cuenta de Instagram repleta de seres perfectos, *superwomen*, emprendedoras, vientre plano, piernas torneadas, esposas felices, madres ejemplares de niños lozanos. ¿Son ellas las mujeres a las que deberíamos tomar como modelo?

El cuerpo de la mujer es el principal objetivo de *marketing* de nuestra época: cremas para esculpir, deportes para adelgazar, elixires milagrosos, dietas a tutiplén; nos venden constantemente complejos que mantienen este culto al cuerpo. Los derivados abundan: anorexia en las adolescentes, cirugía estética hasta decir basta, vergüenza, depresión.

Por suerte, la resistencia se organiza; las grandes marcas controlan el peso de sus modelos, hacen posar a mujeres con un cuerpo más real. Algunas personas promueven el *body positive*. Es el caso de Kelsey Miller, autora de *Big Girl*[22] y del Anti-Diet Project.[23] Esto es lo que cuenta de su experiencia:

> La clave está en no perder jamás de vista el hecho de que la cultura de la dieta está por todas partes, con el mensaje machacón de que no estás bien como eres. Es fácil creer en este mensaje: es omnipresente. La cultura de la dieta es el pan nuestro de cada día. Por tanto, no debes culparte si sigues esta forma de pensar, pero ten a gala recordar que existe una industria que vale billones de dó-

lares y que va tras todo aquello que represente tu autoestima. Y no solo por ser ruidosa y dominante su mensaje deja de ser cierto.

Tú *estás* bien tal y como estás. *Tienes* el derecho de comer y disfrutar de lo que comes. No existe un cuerpo bueno o malo, del mismo modo que no existe una alimentación buena o mala. Esto puede resultar difícil cuando eres una de las únicas que lo reconoce, mientras que todos los demás a tu alrededor siguen atascados en esa mentalidad de las dietas. Pero es muy liberador y alegre... y necesario. Salir del sentimiento de vergüenza del propio cuerpo y de una forma de pensar basada en las dietas es un trabajo sumamente duro, así que no te sientas mal si no aparece de manera evidente. Pero es un trabajo que realmente merece la pena.

Hablaremos más detenidamente sobre la falta de confianza ligada al cuerpo en el capítulo 5.

Las exigencias en torno a la belleza

Exigencia a estar en pareja, exigencia a la perfección, exigencia a la belleza. Las convicciones impuestas por la sociedad son difíciles de romper. ¿Un hombre con canas en las sienes? Le da encanto. ¿Pelo gris? Es muy George Clooney. Las mujeres que no se tiñen las canas, en cambio, se ven desarregladas, dejadas, viejas antes de tiempo.

La periodista e *influencer* Sophie Fontanel le ha dado la vuelta a la situación de forma magnífica. Decidió que ya estaba harta de teñirse el pelo, harta de mentir: «Y al fin, a los 53 años, me propuse salir a la luz». Ha escrito un libro, *Une apparition*.[24] Es una búsqueda de la verdad, una forma de libertad que, según sus propias palabras, la ha sacado a la luz. Un libro divertido, el libro de una mujer libre que rechaza las imposiciones y cambia por completo los tabúes. El cabello va tan unido a la feminidad que su «insignificancia» podría ser disuasoria. Dadas las reacciones en su cuenta de Instagram y de la popularidad de la que goza, se ha producido lo contrario y en esto es un auténtico ídolo.

Las exigencias amorosas y familiares

Otra exigencia social es la imagen ideal de pareja y familia. Es además bastante raro estar de acuerdo con esta imagen de felicidad cuando vemos a nuestro alrededor a tantas personas que se divorcian, pasan por dificultades, ellos mismos o por medio de sus hijos. La literatura está plagada de estas historias tristes, de parejas que se odian, de familias disfuncionales. ¿Nos dejamos engañar por estos modelos o mantenemos la mentira para no perder la esperanza?

En *Un bonheur parfait*,[25] James Salter radiografía una familia que aparenta ser feliz, transmite una imagen gentil y envidiable.

> Los almuerzos en el campo, la mesa llena de vasos, flores, comida a disposición [...], una sensación de bienestar. Almuerzos a cámara lenta. La conversación no se agota

nunca. Esta pareja lleva una vida especial, llena de abnegación; prefiere pasar tiempo con sus hijos; solo tienen algunos amigos.

El lector se da de bruces cuando descubre lo que hay detrás de las apariencias, cuando la fachada se resquebraja. «Una de las últimas grandes revelaciones: la vida no será como la soñaste.»

La literatura se nutre de la sociedad; los escritores cuentan el mundo y su imperfección. Nos gustaría parecernos a las familias ideales, pero ¿quién puede decir lo que ocurre en casa de los exasperantes vecinos perfectos cuando la puerta está cerrada?

¿Vendrá algún día mi príncipe? El príncipe azul ha sido denigrado, pero sigue siendo una apuesta segura, a pesar del feminismo, a pesar de la liberación de las costumbres. Incluso si ya no es necesario casarse para vivir juntos, es agradable estar enamorado, es agradable ser dos. En Francia, el 36,7 % de las mujeres están solteras.[26] Dado que lo normal sigue siendo estar en pareja, estas mujeres solteras son objeto de todo tipo de especulaciones y a menudo deben hacer frente a la presión familiar y social, a preguntas indiscretas y a comentarios hirientes: «¿Aún sola?», «¿No hay nadie en tu vida?», «¿Estás con alguien en este momento?». Si metieran dinero en la hucha cada vez que alguien les pregunta, podrían concederse unas vacaciones.

En *Tout pour plaire... et toujours célibataire*,[27] la psicoanalista Sophie Cadalen y la periodista Sophie Guillou analizan así esta cuestión:

> Proviene de nuestros padres, movidos por un desvelo preocupado, de una buena amiga con una sonrisa cómplice, de nuestra hermana pequeña que está a punto de casarse y se confiesa avergonzada por colarse en la fila, de alguien atrapado en la multitud con la que convive. [...] La pareja sigue siendo el modelo estándar. La soltería se tolera cuando es transitoria, pero se vuelve sospechosa cuando es una elección o cuando se asienta.

Todos tenemos en mente esta escena mítica en la que Bridget Jones es la única soltera en una cena donde solo se ha invitado a parejas.[28]

> —¿Qué tal tu vida amorosa?
>
> Oh, no. ¿Por qué hacen eso? ¿Por qué? De tanto estar juntos, tal vez los Casados-Orgullosos-de-Serlo ya no saben cómo hablar con las personas solas. [...]
>
> —Es verdad, Bridget, ¿por qué no te has casado? —se mofó Woney [...], acariciándose el vientre claramente fértil.
>
> «Porque no quiero parecerme a ti, pedazo de vaca lechera gorda», eso es lo que tendría que haberle respondido, [...] o «porque, Woney, bajo la ropa tengo la piel cubierta de escamas». [...]
>
> —Deberías darte prisa y dejarte preñar, viejita —me dijo Cosmo—. [...] El tiempo corre. [...]
>
> —Veamos, ¿cuáles son las estadísticas exactamente? ¿Es uno de cada tres matrimonios el que termina en divorcio o uno de cada dos, en la actualidad? —farfullé [...].
>
> Me metí en un taxi y rompí a llorar.

Con semejante presión social, ¿qué confianza en sí mismas pueden tener las solteras? Sin hablar de las que ni siquiera están en el escenario ideal ni en la norma, como las lesbianas, las transgénero y las asexuales.

O quienes optan por no tener hijos.

Es el caso de Laure, 46 años, psicoanalista.

> Podría haberles dicho a los indiscretos que era una elección; notaba las miradas de reojo, los juicios implícitos, los ojos como platos. El pundonor me hacía afirmar de forma un poco agresiva: ¿hijos? ¡Seguramente no! No pensaba soltarles lo de mi infancia horrible; mi padre se marchó con una chica que acababa de cumplir los dieciocho; mi madre, incapaz de ocuparse de mi hermana y de mí; las noches durmiendo en el coche; los hogares de acogida... Todo eso es mi historia, no es asunto de ellos. Luego me di cuenta de lo que se imaginaban. No que fuera lesbiana, porque de vez en cuando vivía con hombres, sino que era estéril, evidentemente, y egoísta, seguramente. El caso es que no me veía trayendo un hijo al mundo y pasarle mis neurosis. Bastante tenía con mi personita; no habría cambiado de opinión por nada en el mundo, no me arrepiento de nada; ya me han dejado un par de hombres para quienes no tener hijos era impensable. A mi edad, las miradas que juzgan se transforman poco a poco en miradas de compasión. La gente piensa que he perdido el tren. Me da igual; ya vivo con un hombre divorciado que rara vez ve a sus hijos, que son mayores y viven en el extranjero. Es ideal.

En diciembre de 2018, la artista Sophie Calle presenta en la galería Perrotin de París una exposición titulada «Porque». Una serie de fotografías, cada una puesta en escena, ocultas detrás de una cortina roja bordada con una frase misteriosa. Una de ellas era: «Porque he encontrado en internet una definición sobre mí que tiene siete palabras: "Sophie Calle, artista sin hijos por elección"». Detrás de la cortina roja, la foto la mostraba dando el pecho a un bebé que no era suyo. Una respuesta en forma de provocación a una exigencia de maternidad tan invasiva como poco delicada.

LOS MOTIVOS FAMILIARES

De todos los motivos sobre nuestra falta de confianza, todos se reducen siempre a la familia. Y al caldo de cultivo de la infancia.

Laetitia, 43 años, abogada especializada en derecho de familia, nos explica:

> Mi hermano mayor tiene un año más que yo. Repitió curso, por lo que hicimos la selectividad al mismo tiempo. Es algo que temía; siempre he sacado notas excelentes, mientras que él fue un estudiante mediocre y tenía que empollar para aprobar. El día de las notas fue horrible; yo saqué un «muy bien» y él tenía que hacer la recuperación. Mi alegría pasó pues a un segundo plano e hice todo lo posible por animarlo. Pese a que mis padres no expresaron su decepción por él o su orgullo por mí, él se mostró bastante agresivo. Por suerte, logró pasar la selectividad y estudiar (él Historia y yo Derecho). Enseguida volvimos a estar más unidos. A pesar de todo, tardé mucho en darme cuenta de que mi falta de confianza en mí misma radicaba en este episodio traumático. Nunca me he permitido celebrar mis logros

(Colegio de Abogados de París, Colegio de Abogados de Nueva York), a los que restaba importancia de forma sistemática: había tenido suerte, no era para tanto, mucha gente también lo conseguía [...]. A los 30 años, pese a tener una exitosa carrera, estaba sola y saboteaba sistemáticamente mis relaciones. Después, mi hermano se casó y ha tenido un hijo. Gracias a una terapia, he comprendido que no me permitía ser feliz hasta que él no lo fuera. Dos años después de él, yo también me casé. He recuperado la confianza en mí misma y, cuando me halagan, no intento justificar mis logros a causa del azar o la suerte; he aprendido a decir simplemente gracias.

El sentimiento de confianza en uno mismo y de autoestima que se experimenta choca contra un pasado, una relación, tanto en el caso de un hombre como de una mujer. Esta tendencia a seguir adelante, a asumir riesgos con el fin de mejorar nuestra vida diaria, a armarse de una vitalidad emocional, toma forma, además del resto de los factores, en el núcleo de nuestra interacción con nuestros padres o con las personas que se ocupan de nosotros durante la infancia.

Las teorías del apego: necesidad de seguridad y confianza en uno mismo

Rogers, como vimos en la página 48, habla de la necesidad de una consideración positiva incondicional; sin embargo, dos investigadores han dedicado su carrera a estudiar de cerca la cuestión del desarrollo psicológico ideal: el psiquiatra y psicoanalista inglés John Bowlby, con su teoría del apego,[29] y posteriormente una de sus principales colaboradoras, la estadounidense-canadiense Mary Ainsworth. Esta última es doblemente importante en este libro porque, a pesar de su aura y el alcance de sus investigaciones, confesaba tener falta de confianza en sí misma y dudar constantemente de su valía.

Tras sus investigaciones con la experiencia que ella denominó «la situación extraña»,[30] Ainsworth define tres estilos diferentes de apego que dependen del tipo de relación de la madre con su hijo:[31]

- el apego más común, de tipo **seguro**;
- el tipo **inseguro ambivalente**,
- y el tipo **inseguro evitante**.[32]

Este modelo teórico, uno de los más importantes del siglo XX, tiene el mérito de aportar un enfoque muy interesante sobre el vínculo entre el apego y la confianza. Destaca las relaciones entre la madre y el hijo que analizó Bowlby y después ella misma. Ainsworth se encarga, por tanto, de liberar de su culpa a las mujeres al revelar su vida personal.

> Si hubiese tenido hijos como tanto deseaba, me gusta pensar que podría haber llegado a un equilibrio adecuado entre mi papel de madre y mi carrera, pero no creo que exista una solución única, fácil y universal a este problema.[33]

La teoría de Ainsworth pone de relieve la necesidad fundamental del niño de sentirse seguro, y esto lo hace de manera innata. Para ello, crea un vínculo con sus padres gracias a un conjunto de señales (van del llanto y los gritos a las sonrisas). Estas señales tienen por objeto llamar la atención y aprovechar al máximo las oportunidades de acercarse al progenitor para recibir los cuidados que necesita. Bowlby lo explicó así:

> El comportamiento de apego está concebido como cualquier forma de comportamiento que conduce a que la persona logre y mantenga la cercanía con una persona distinta, preferida, que suele percibirse como más fuerte y sabia.[34]

Una actitud parental atenta a las necesidades de escuchar y entender del niño, junto con un refuerzo constante, da sensación de seguridad y protección, sobre todo cuando aparecen el sufrimiento y el desasosiego.[35] La angustia, el miedo u otras emociones negativas se tienen en cuenta y se regulan. Progresivamente, el niño puede tender a explorar su espacio cuando sabe que es posible volver a la base (el progenitor), que el padre o la madre está presente. En su libro sobre el apego,[36] Nicola Diamond y Mario Marrone hacen referencia a Bowlby:

> Pensaba que la autoestima dependía en gran medida del grado de apego [...]. En términos bowlbianos, un niño que se siente querido porque percibió que sus padres eran afectuosos tiene muchas posibilidades de tener una autoestima alta.

Existir de una forma única, haber sido aceptado (incluso cuando se ha dado mucha guerra) a los ojos del otro permite sentir a cambio una buena autoestima y moverse por la profunda convicción de que uno es «amable», es decir, digno de ser amado.

«Solo se ve bien con el corazón; lo esencial es invisible a los ojos», se puede leer en *El principito*, de Saint-Exupéry. Esta frase plasma metafóricamente las cualidades humanas —atención y empatía— que permiten a los padres estar atentos, volcarse en las necesidades de su hijo. Estas actitudes contribuyen a crear confianza en nosotros mismos. Sin caer en el determinismo, este primer diálogo de amor responde a todo el abanico de emociones del niño; le permite despertar y mantener un sentimiento de valía personal y una autoestima realista.

A diferencia de lo que ocurre en una situación familiar segura, el niño que se enfrenta a reacciones parentales poco reconfortantes, caracterizadas por un cierto grado de distancia emocional e inconstancia, se sentirá incomprendido o rechazado, y esta representación mental de sí mismo lo llevará a dudar de sí mismo y de su valía.

Más adelante, es bastante habitual que comportamientos como la carrera hacia el éxito, la necesidad de reconocimiento (que, en cuanto nos aproximamos, desaparece) o una búsqueda de aceptación traicionan esta poca valoración inicial.

Pero cuidado: no hay determinismo. Como todo proceso psicológico, como toda construcción mental, siempre se puede desaprender lo aprendido.

Por qué es importante respetar la singularidad de cada niño

De forma general, una educación que no considera a un niño en su integridad como ser humano (con su propia individualidad y no como una mera extensión de las figuras paterna y materna) puede hacer que su desarrollo y el mantenimiento de una mirada confiada en sí mismo se tambaleen. Condicionar su afecto a normas estrictas, imponer al niño una decisión emocional arbitraria entre emociones aceptadas o desautorizadas lo lleva a reprimir las que percibe como algo inaceptable.

El círculo vicioso de la no aceptación de sí mismo toma un cariz perverso: el niño deduce que hay algo vergonzoso acerca de él. La autoestima y el respeto a sí mismo se ven alterados, la imagen de sí mismo se tambalea, está supeditado a las respuestas negativas o positivas del progenitor (o posteriormente de la figura autoritaria) ante los logros o los fracasos. La prisión de la evaluación encierra la autoestima de la persona, que se debate entre «ser» y «hacer», en lugar de ser aceptada por lo que es. Por ejemplo, si una chica quiere boxear cuando sus padres la han imaginado en tutú, no la circunscribas a un género y cómprale sus guantes de boxeo; eso es respetarla.

Las expectativas de los padres sobre las hijas

En la familia, las expectativas sobre las hijas suelen ser diferentes que sobre los hijos. Si se acepta en general que un chico puede dedicarse a juegos bruscos, en el caso de una chica diremos que se trata de un «marimacho». La norma cultural de los géneros tiende a alentar a las niñas a ocuparse de los demás; a veces las incitan a anteponer las necesidades de los demás a las suyas, lo que más tarde se traducirá en una vacilación a decir no o a limitarse al papel de «apoyo», en segundo lugar.

Ser despreciada mediante juicios críticos o comparaciones humillantes en la fratría («Tu hermano es mejor que tú») también puede crear, en la niña, un discurso interior donde la imagen positiva y segura de sí misma se ve enturbiada y se convierte en autocrítica. Las convicciones limitadoras se ponen en marcha: para que la aprecien o la valoren, es necesario, por ejemplo, portarse bien. De este modo, las niñas que han crecido en un entorno donde se ha favorecido al hermano desde el punto de vista educativo corren el riesgo de ser más proclives a dudar de sí mismas. Pero volveremos sobre este tema en el capítulo 9.

La consideración parental y el síndrome de la impostora

Más en concreto, en el caso del síndrome de la impostora, Pauline Clance y Suzanne Imes[37] muestran que procede de una lectura errónea que hacen las mujeres de sí mismas. Esta lectura tiene su origen en la consideración familiar condicional que recibieron, metiendo, por así decirlo, el gusano en la fruta. Esta visión parental marca a fuego e influye en el modo en que se perciben a sí mismas. Las autoras identifican dos entornos familiares que representan las dos caras de una misma moneda.

- En el primer entorno familiar, una chica está en lo más alto, es capaz de todo.

Esta mujer crece, por consiguiente, diciéndose: «No hay nada que no pueda hacer si lo decido, y puedo hacerlo fácilmente». En cambio, con el tiempo, se encuentra en situaciones en las que no puede sobresalir tanto como ella (o su familia) quisiera. No obstante, se siente obligada a responder a las altas expectativas de personas de su entorno. Empieza a sentir que no está a la altura de sus expectativas y de la visión que tienen de ella. Ha de trabajar el doble con el fin de obtener los resultados escolares deseados y empieza a creer que es, en efecto, una impostora.

- La otra cara de la moneda muestra un entorno familiar que considera inferior a la chica con respecto al resto de los hermanos, que incluye a otra persona etiquetada como talentosa.

Desde muy temprana edad, ha desarrollado un deseo de demostrar que también es inteligente. No obstante, pese a sus esfuerzos, no parece ser capaz de cambiar la visión de su entorno. Cuando llega al colegio, anhela demostrar sus aptitudes a su familia. A menudo consigue resultados excelentes, pero sin lograr un reconocimiento por parte de sus familiares. Es así como crece en la mujer la sensación de ser una impostora. Sigue queriendo demostrar su

> valía a los demás y empieza a pensar que tienen razón al creer que ella no está a la altura.[38]

Para la doctora Jessamy Hibberd, las duras críticas y el amor condicionado al éxito que pueden expresar los padres son otro factor en la generación del sentimiento de impostura.

> Si creces con un discurso crítico o negativo en la cabeza, la forma en que harás las cosas siempre se verá como algo insuficiente. Más concretamente si eres perfeccionista; en ese caso, nada estará a la altura de tus expectativas, e incluso si lo consigues, no dejarás de desplazar el objetivo; nunca lo lograrás del todo.

Se pone en marcha todo un sistema de autocrítica y consigues entonces esa mezcla explosiva que impide verse de manera positiva y bloquea toda posibilidad de indulgencia hacia uno mismo.

Ahora bien, recordemos una regla básica: que la falta de confianza se debe a que está en nuestro ADN femenino, a que la mujer se siente desplazada en la sociedad en la que vive, a que no tiene suficientes seguidores en Instagram, a que tiene michelines antiestéticos o a que nuestros padres jamás nos han dicho lo amables que somos; lo que importa al final es saber que esa falta de confianza no es irreversible, que cambia, y que si modificamos nuestras convicciones y vamos más allá de los límites que nos imponen o que nos autoimponemos, podemos hacer cosas, paso a paso.

3

TIPOLOGÍAS DEL SÍNDROME DE LA IMPOSTORA

En cuanto confíes en ti mismo,
sabrás cómo vivir.
GOETHE

Detrás de esta letanía de dudas patológicas de uno mismo y de la tiranía de las exigencias, al margen de esas convicciones que atribuyen el éxito al azar, las candidatas al síndrome de la impostora se pueden describir según diversos tipos de perfiles. Volvamos a Valerie Young (véase la página 40), que, ayudada por el éxito de sus talleres terapéuticos, recorrió Estados Unidos con uno de sus primeros ejercicios titulado «¿Cómo defines las reglas para evaluar tus aptitudes?». Al reunir centenares de testimonios, la doctora Young se dio cuenta de que «las mujeres no definen el concepto de aptitud de la misma manera. Para no tener que lidiar con la ansiedad o la vergüenza de no estar "a la altura", establecían reglas estrictas relativas a sus aptitudes».

Apoyándose en esta constatación, Young creó cinco tipologías:

- la perfeccionista;
- la experta;
- la independiente;
- la superdotada,
- y la *superwoman*.[1]

Los límites entre las distintas categorías que presenta Young son porosos, de modo que es fácil reconocerse en varias de ellas. No obstante, estos tipos tienen el mérito de explicar los distintos aspectos del síndrome: reconocimos a muchas mujeres que accedieron a dar su testimonio para este libro o a las que Anne observó clínicamente durante sus consultas.

Sin embargo, se han resaltado otros casos a lo largo de los encuentros. Por este motivo, nos ha parecido interesante completar esta tipología con otros dos perfiles, más relacionados con la falta de confianza que con la impostura propiamente dicha:

- la entregada,
- la falsa confiada.

LA PERFECCIONISTA

La primera categoría de todas es la perfeccionista. Es la más frecuente, pues su relación con el sentimiento de impostura es importante. «La atención se centra en la forma en la que hace cualquier cosa: un fallo minúsculo, incluso si se encuentra en medio de un resultado estelar, es sinónimo de una sensación de fracaso y, por consiguiente, de vergüenza», explica Valerie Young. En una perfeccionista, esta definición de la aptitud influye en el modo de sentirse en la impostura. Nos detendremos más ampliamente en este tipo de personalidad, pues es representativo y está extendido.

El perfeccionismo como respuesta al sentimiento de impostura

Cuando nos vemos afectados por el síndrome de impostura —constantemente o en determinados momentos de la vida—, nos estremecemos ante la idea de que salga a la luz nuestra «ineptitud» y lo compensamos en exceso para evitar esta vergüenza. De ahí un comportamiento que consiste en imponerse unos cánones demasiado altos, incluso exigencias imposibles de mantener.

El perfeccionismo como estrategia se convierte en el combustible perfecto que intensificará las convicciones de impostura. Nos repetimos: «Si lo he conseguido no es porque tenga realmente la capacidad; es porque me he entregado al 500 %», lo que provoca una nueva falta de confianza en uno mismo y, por supuesto, un agotamiento que pondrá en peligro cualquier intento de tener éxito.

Pero ¿qué es el perfeccionismo?

Es natural tener ganas de triunfar en lo que se emprende, y el deseo de perfección puede ser una fuente de motivación, un motor. Sin embargo, esta necesidad de ser perfecto puede ser enfermiza cuando se convierte en un tirano interior, como una vocecita que no nos deja en paz. Los psicólogos hablan de «altas exigencias» o de «altos estándares»: no se tolera el más mínimo fallo, el más mínimo fracaso. Se tiene la sensación de no estar nunca a la altura, se piensa que uno nunca es lo suficientemente bueno, que eso pertenece al ámbito profesional o a otros aspectos de la vida.

Esta es la diferencia entre el perfeccionismo adaptativo y el perfeccionismo desadaptativo: «El perfeccionismo adaptativo es el deseo de cumplir con los altos estándares que se pueden lograr con algo de esfuerzo. El perfeccionismo desadaptativo es la tendencia a imponerse exigencias excesivas e inalcanzables, lo que lleva a la angustia y al estrés».[2]

Los psicólogos Paul L. Hewitt y Gordon L. Flett describen el perfeccionismo en tres de sus dimensiones:

- ante uno mismo;
- con respecto a los demás,
- y prescrito socialmente: la convicción de que los demás tienen unas expectativas poco realistas, pero a las que hay que someterse.[3]

En esta última dimensión, se sufre la presión (imaginada) de tener que ser impecable. Podemos suponer lo fácil que puede ser para las mujeres actualmente, con las distintas imposiciones de la sociedad, caer en esta forma de perfeccionismo desadaptativo.

En cuanto al perfeccionismo con respecto a los demás, a menudo conduce al conflicto, como en las parejas o entre colaboradores, pues se los somete a estándares demasiado altos.

Veamos ahora una historia que vale la pena desarrollar. Se trata de una brillante banquera de 32 años, Laura, para la cual todos los planetas tienen que estar alineados.

Laura recibió una educación estricta, controladora y crítica.

«He tenido una infancia a veces dulce, a veces violenta. Mi propio padre tuvo una infancia muy difícil: su padre murió delante de él cuando solo tenía 3 años. A los 6 años, lo mandaron a un internado; creció en medio del sufrimiento, sin amor. Tiene relaciones de fuerza con todo el mundo, incluida yo. Como es profesor, solía estar en casa a la hora de los deberes, mientras que mi madre tenía una profesión liberal y estaba muy ocupada. Cuando aprendí a leer, tenía poca paciencia y podía pegarme si yo no era lo bastante rápida, si no lo lograba de inmediato. Esto, sin duda, ha condicionado mi relación en el trabajo al inocularme una exigencia de perfección y un miedo al error. Con él, siempre tenía la sensación de ir con pies de plomo. En la adolescencia aparecieron problemas de alimentación. A los 14 o 15 años, empecé a ser anoréxica; después bulímica. Esto también ha entorpecido mis relaciones con los hombres: a menudo asocio al hombre con la violencia, la tiranía. Naturalmente, he necesitado mucho tiempo y terapia para darme cuenta de ello.»

Las manifestaciones del perfeccionismo

«Más tarde, al entrar en el mundo profesional, pude experimentar mi relación con el error, con la perfección, con la necesidad de obtener siempre la "aprobación" por mi dirección: adopté una actitud con mis superiores, hombres o mujeres, que mi sentimiento de impostura volvió un poco infantil. Entré en un prestigioso banco de inversión. Siempre necesitaba reconocimiento, que mi director me dijera que estaba orgulloso de mí; eran las únicas palabras que me tranquilizaban. Sin ellas, tenía la impresión de no ser "suficiente", de no estar en mi lugar. Todavía hoy tengo la sensación de que he de redoblar los esfuerzos para que noten que soy inteligente. A los 23 años e incluso más tarde, me sentí acomplejada intelectualmente. Tenía mucho que demostrar. Esta sed de éxito y de demostrar a mi padre que estaba equivocado me ha resultado útil, ha impulsado mi carrera. Trabajé en París, en Suiza, luego me ascendieron en Londres.»

Perfeccionista e independiente

«Mi superior era una mujer en quien veía a una madre, así que durante mucho tiempo proyecté en ella mi necesidad de aprobación. En un momento dado, la carga de trabajo aumentó demasiado; estaba agotada y esa relación especial se volvió en mi contra: se tornó en una relación tóxica, como si a quien veía como mi madre se hubiera convertido en realidad en mi padre. Sufrí *burn-out*. Tuve que tomarme dos años de excedencia para poder salir adelante, trabajar en mis problemas, reflexionar sobre estas experiencias profesionales muy violentas, pero también sobre mi vida personal, sobre esa necesidad constante de reconocimiento, también de ese sentimiento de no ser "suficiente". Debo admitir que no me gusta que me ayuden. Mi padre lo hacía de forma tan violenta, criticándome: "¡Me veo obligado a empezar otra vez porque eres un desastre!". En la oficina, sin embargo, la gente siempre intenta ayudarme y empiezo a vislumbrar su utilidad.»

Deconstrucción de dos tipologías

«He encontrado un nuevo empleo. Hacía algunas semanas que trabajaba en un gran proyecto de fusión y adquisición cuando mi compañero me dijo: "El jefe me ha dicho que estuviste perfecta y, ya sabes, que el jefe te halague es difícil; es muy exigente. Pero, de todos modos, nunca dudé de ti". Sus palabras me tranquilizaron; me sentí reconocida. Asimismo, tengo la impresión de conocerme mejor y me doy cuenta de hasta qué punto soy exigente conmigo misma; es ridículo, porque me saboteo. También me doy cuenta de que he superado una etapa. He contado con la confianza de esas dos personas, que es lo más importante. Me siento validada, inteligente y reconocida a sus ojos. Es lo que me ha ayudado a deconstruir esta exigencia de perfección; de hecho, es el autoconocimiento. Una de mis cualidades es que soy muy realista; no me da miedo ver las cosas tal y como son. Esta objetividad acerca de mis límites y mis fuerzas me ayuda a tener un mapa de las cosas: sé cuándo voy demasiado lejos. Así que conocerme a mí misma me ayuda muchísimo. Me han hecho demasiado daño; ahora intento respetarme. Yo misma me he hecho mucho daño. En este momento no pongo a nadie por delante de mí; no hay nadie más importante que yo.»

El perfeccionismo femenino

Tradicionalmente, tanto en casa como en el colegio, se aprecia y se valora a las niñas cuando son perfectas y sabias. Parece que siempre se busque esta aprobación. Ser «buena» equivale a ser perfecta. La parte barullera de los niños se tolera mucho más, lo cual, en cierto modo, los prepara y los conduce más a la imperfección de la vida.

En su libro *The Curse of the Good Girl* [La maldición de la buena chica], Rachel Simmons describe muy bien la forma en que se cría a las chicas para que sean educadas, humildes y discretas. Revela esta versión incapacitante de sí misma:

> Se espera que las «buenas chicas» respeten las reglas y se presenten de manera perfecta. No hay tanto espacio para correr riesgos. [...] Por eso, acaban por jugar sobre seguro y se convierte en una costumbre que se autorrefuerza: cuanto más cómodas se sienten las chicas al tomar el camino más fácil, más aterrador se vuelve equivocarse.[4]

Al llegar a la edad adulta, cuando deben autoafirmarse y enfrentarse a las críticas, cuando deben encontrar o incluso hacer su propio camino, el discurso en el que están inmersas las niñas no siempre las ayuda.

Por otra parte, esta capa de perfección impuesta desde la infancia no parece realmente abandonarlas y a veces incluso se transforma en obsesión. En la adolescencia y la edad adulta, muchas mujeres se impondrán la exigencia irreal del «todo perfecto», con la consiguiente sarta de situaciones vividas como fracasos, seguidas de autocríticas, de ansiedad, de dudas frente a sus capacidades. Esto limita no solo sus actos para alcanzar sus ambiciones, sino que mantiene también su sentimiento de impostura: ¡no creen en sus propias aptitudes cuando son bien capaces! Guiarse por la idea de que hay que ser perfecta antes de aventurarse es el peor veneno que existe.

El sentimiento de impostura como consecuencia del perfeccionismo

Este mecanismo tóxico suele darse en mujeres divididas entre varias responsabilidades: muestran una cierta exigencia en su forma de gestionarlas y piensan que todo se ha de abordar con el mismo nivel de entrega. De hecho, solo después de haber respondido a una larga lista de «obligaciones» se conceden finalmente el derecho a pensar en sus propios deseos.

En la consulta, y sobre todo en el mundo de las finanzas en el cual Anne tiene numerosas pacientes, muchas de ellas padecen agotamiento, depresión o ansiedad, y a veces las corroe una ira reprimida, rodeada de frustración y culpabilidad, porque sienten que no están a la altura de sus expectativas. Por medio de sus descripciones, se identifica enseguida la causa de su sufrimiento, la tiranía de su visión idealizada centrada en lo que falta, y es así en casi todas las esferas: ya sea en su forma de vestir, en llevar la casa, en hacer deporte, en el modo de comportarse de los niños y el marido, en la cama o, por supuesto, en la oficina.

A menudo, entre lágrimas, expresan su confusión ante lo que perciben como errores. Se sienten frustradas por no haber sido capaces de prever y controlar antes sus «tareas». Paralizadas delante del ordenador, del espejo, ante un libro de cocina, buscando siempre la receta perfecta, la iniciativa, la broma o el comentario que les daría al fin la impresión de estar a la altura. Este sufrimiento muestra el aspecto de la brutalidad del perfeccionismo. Las consecuencias son sin duda catastróficas y alimentan una mirada muy crítica sobre sí mismas.

En estas condiciones, ¿cómo no dudar de sus capacidades? Es propio del fenómeno de impostura fomentado por el mito del perfeccionismo.

Marie-Hélène es madre de tres hijos y trabaja a tiempo completo. Ha estado al borde del *burn-out*... después de que sus adolescentes cogieran piojos en el colegio. Una situación *a priori* banal y ridícula que ha sido un detonante. Sin pedir ayuda, se ha visto en un estado de agotamiento físico al tener que lidiar sola y a diario con la colada de las cuatro camas de la casa, lavarles el pelo a todos, hacer inspecciones minuciosas; todo esto además de las reuniones, los cursos, las notas en los cuadernos, etc.

Irascible, decepcionada, dolida y airada por la actitud de su marido, que considera permisiva, acaba por perder completamente los estribos y dudar de sí misma y de sus capacidades al no poder seguir asumiendo las responsabilidades de la casa, los almuerzos con los clientes y su trabajo atrasado que no avanza ni un ápice. Se derrumba al cabo de dos semanas.

Esta experiencia podría hacernos sonreír si no fueran síntomas del perfeccionismo doméstico, donde la mujer no pide ayuda, pone el listón muy alto y «se añade presión». La sensación de no estar nunca a la altura y de agotarse por una historia de bichitos, de sentirse... torpe, ¡acaba por ganar la batalla!

En lugar de ver esos objetivos irreales por como son de verdad —metas inalcanzables—, algunas mujeres viven su fracaso anunciado como una prueba de su ineptitud, su estupidez. Poco a poco, el menor logro —una negociación bien llevada, una nota alta, el dominio de una técnica de natación— es una victoria menospreciada enseguida. Esas interpretaciones mantienen el malestar de la perfeccionista.

Al percibirse el fracaso, incluso si es mínimo, como una catástrofe, refuerza los sentimientos de máxima duda en las capacidades de la perfeccionista y de su propia valía. Para prevenirlo, entra en una espiral de esfuerzos desmedidos, en una vorágine de controles y de continua presión, con un estrés difícil de llevar para ella misma y para su entorno. Carente de compasión, se exige a sí misma que no haya ni un fallo.

Ironías de la vida, la pasividad puede ser otra consecuencia: la perfeccionista imagina (equivocadamente) que no podrá realizar de manera perfecta un cometido. Esto la paraliza; no puede asumir el riesgo de la imperfección y se pregunta de qué va a servir tan solo empezarlo.

La perfeccionista y sus convicciones poco adecuadas

¿Podemos ser perfectos en todo momento? Incluso si la respuesta es evidentemente no, la perfeccionista tiene unas convicciones inapropiadas que contribuyen a unos ideales absolutos:

- sus objetivos no tienen en cuenta los límites;
- sus expectativas consigo misma son estratosféricas;
- el temor a cometer errores y al fracaso es enfermizo;
- tiene principios rígidos según los cuales no existen matices, con una forma de pensar en «blanco o negro»;
- se rige por una letanía del «debería».

Sus fuertes convicciones refuerzan la idea de que el menor fallo será fatal. Y todo esto genera una fobia al fracaso, que, a su vez, puede crear un círculo vicioso del sentimiento de impostura.

Una mujer rebelde replantea el lugar de la mujer

La tiranía de los «debería» es una expresión inventada por la psicoanalista neofreudiana alemana Karen

Horney.[5] Esta mujer notable hizo frente a un padre severo volcándose en estudiar Medicina. Posteriormente, puso en tela de juicio las teorías del padre del psicoanálisis, Sigmund Freud, acerca de la psicología de las mujeres, quien sugirió que algunos de sus problemas mentales no eran debidos a instintos e impulsos biológicos, sino a las condiciones sociales y culturales a las que se enfrentaban.[6] No se trataba, por tanto, solo de problemas intrapsíquicos, sino también interpersonales, y destacaba el papel fundamental de las relaciones humanas en la formación de nuestras convicciones, nuestra visión del mundo y, de manera más amplia, de nuestro bienestar o malestar.

Para terminar con la visión del lugar de las mujeres a través del prisma de una mirada masculina y freudiana, ella invierte los roles y adelanta en particular que no eran las mujeres las que sentían «ganas de pene», sino los hombres los que padecían «ganas de útero». Dicho de otro modo, cuando las mujeres estaban en condiciones de dar a luz, lo único que les quedaba a los hombres era reafirmar su eminencia en otros terrenos, lo que, indirectamente, contribuía al sometimiento de las mujeres.

Karen Horney también insistió en el peso y el papel que desempeñan los padres a la hora de crear un sentimiento de confianza gracias a un ambiente acogedor o, al contrario, un sentimiento de angustia para un niño que crece en un universo frío, hiriente y hostil.[7]

Las seis señales que han de alertar sobre el perfeccionismo

1. Sobrecarga de trabajo sin preocuparse del tiempo invertido;
2. reticencia a embarcarse en nuevos proyectos sin estar totalmente preparada por miedo al fracaso (que puede desembocar, en el peor de los casos, en la procrastinación);
3. atención excesiva a lo que está mal;
4. imposibilidad de delegar —control constante de los demás en algunos casos—, para evitar los errores;
5. rigor consigo misma en cuanto a los imperativos de la perfección, asociado a una tolerancia muy escasa a la crítica externa;
6. autocrítica aplastante.

LA EXPERTA

«La experta es al conocimiento lo que la perfeccionista es a la calidad»,[8] nos cuenta Valerie Young. Entiéndelo: ¡soy competente solo si lo sé todo! Así pues, la experta es «señora Yo-Sé-Todo-De-Todo». Esta imposición a saberlo todo corresponde a su propia definición de la competencia. Al igual que en la «superdotada», las nociones del aprendizaje la hacen sentir incómoda: eso supondría que puede tener (como todo el mundo) lagunas o cosas que aprender.

Antes de aventurarse, tiene que tener una visión de conjunto completa y dominar cualquier tema. Se convierte en la eterna estudiante de su vida, puesto que nunca sabe lo suficiente. Es fácil ver el freno considerable que esto puede representar antes de aspirar a un nuevo puesto de trabajo. En lugar de decirse que tiene un bagaje y una experiencia suficientes y que el resto de los conocimientos y las competencias las adquirirá a medida que progrese en la empresa, prevé lo que podría faltarle.

Zoé tenía la titulación y la experiencia requeridas para un empleo de ensueño en una gran sociedad sueca.

«Pero yo no hablaba sueco, y pese a que el puesto era en Boston y todos los intercambios en la sociedad se hacían en inglés, me parecía fundamental hablar sueco. Hice un curso de tres meses de forma paralela al proceso de contratación; me seleccionaron, pero no dominaba por completo el idioma, así que, antes de la última entrevista, preferí renunciar. Pero eso hizo que me percatara de que esa necesidad de experiencia me frenaba de una forma horrible y que había desaprovechado dos grandes oportunidades de progresar en mi carrera. Ahora tengo 33 años y, gracias a una terapia conductual, no volveré a dejar pasar mi oportunidad.»

LA INDEPENDIENTE

«La independiente se asigna una tarea y quiere hacerla hasta el final. De la A a la Z. Para aparecer en la lista de los resultados, lo tiene que hacer ella y solo ella.

Piensa que tiene que entender y conseguir todo ella sola. Pedir ayuda es una señal de debilidad y es motivo de vergüenza.»

Entiéndelo:

- ¡Soy competente únicamente si lo hago todo sola!
- Recurrir a la ayuda de otra persona en caso de necesidad es un delito de lesa majestad, puesto que la independiente avanza sola.
- No necesito ayuda, pues sería la prueba de mi debilidad.

Huelga decir que la independiente navega en solitario. Es el caso de Violette, 28 años, criada con mano dura como el chico que su padre tanto habría deseado tener. Ella solo tenía una idea en la cabeza: huir de su ciudad de provincias, con la selectividad apenas terminada, y asistir a una escuela de modelismo para convertirse en diseñadora de vestuario, un sueño de niña mantenido vivo gracias a las novelas históricas.

> Soy muy espabilada y pronto comprendí que únicamente podía depender de mí misma para conseguir mis fines. Mis padres pensaban que el mundo del espectáculo era una mala influencia, poco serio; preferían que hiciera una carrera como funcionaria. Haciendo de canguro, trabajillos, compartiendo piso, logré «alcanzar» París y obtener mi título; el tribunal me felicitó por un vestido de María Antonieta. La suerte me volvió a sonreír cuando conseguí un trabajo en la Comédie-Française. Enseguida, mi trayectoria profesional me hizo asumir altas

responsabilidades. Estaba acostumbrada a trabajar con premura y sola, rodeada de libros.

En mi interior, sabía que no me merecía todo lo que me estaba pasando, dada mi edad y falta de experiencia. Durante una gira por provincias, se enviaron dos trajes al teatro equivocado, lo que puso en peligro el espectáculo. Acostumbrada a hacerlo todo yo, tomé el control y me dediqué a confeccionar un vestido, sin tener en cuenta el poco tiempo del que disponía. Sin avisarme, el productor trajo dos diseñadoras de vestuario con las que, pensándolo bien, fui especialmente desagradable. Viví cada sugerencia, cada retoque, como la prueba de mi ineptitud; una actitud que hizo perder tiempo a todo el equipo. Ese trabajo se hizo con dolor, pero me dio la oportunidad de entender que dejarse ayudar y trabajar en equipo podía permitirme aprender y progresar. Tener éxito se podía conjugar en plural.

LA SUPERDOTADA

La particularidad de este tipo de personas afectadas por el sentimiento de impostura es que se preocupan no solo de tener éxito, sino también de «cómo» y «cuándo». Como explica Valerie Young: «Para [la superdotada], la competencia se mide en términos de facilidad y rapidez. Luchar para dominar un tema o una habilidad, no ser capaz de triunfar a la primera equivale a un fracaso y, por tanto, a la vergüenza».

Entiéndelo:

- no soy lo bastante buena si tengo que hacer el más mínimo esfuerzo;

- tengo que triunfar a la primera;
- trabajar para adquirir nuevas aptitudes es un pecado mortal y lo único que hace es devolverme una imagen negativa de mí misma;
- me considero ineficaz, lenta y vergonzosa.

Todo lo nuevo se abordará con esta visión distorsionada que provocará un declive moral inmediato. La tenacidad no es el fuerte de la superdotada; será necesario que se lo pongan todo en bandeja. ¡E incluso debería saber lo que se supone que tiene que aprender!

A sus 29 años, Jessica es pastelera en la panadería-pastelería más grande de una bonita ciudad de provincias. Aprendió todo ahí y sus jefes no han dejado de alabar sus virtudes.

«Necesariamente, cuando vendieron el negocio dos años atrás, insistieron a los nuevos propietarios para que me mantuvieran. Decían que, sin mis especialidades, los clientes se marcharían. Me sentí halagada, desde luego. Pero en cuanto mis antiguos jefes cerraron la puerta, los nuevos, encantadores por lo demás, decidieron agregar nuevos pasteles. Nada del otro mundo, pero tuve que volver a sumergirme en mis recetas, que preparo por primera vez, y al principio me sentí paralizada. Aunque mi cabeza seguía llena de cumplidos por parte de los antiguos propietarios, que siempre me habían considerado "la" especialista, me encontré aprendiendo nuevas técnicas y casi tiro la toalla, porque me dolía no controlarlo todo desde el primer intento. Por suerte, mis jefes me decían que confiaban en mí, tuvieron paciencia y todo ha vuelto a la normalidad. Pero, en aquel tiempo, creí morirme de la vergüenza.»

LA *SUPERWOMAN*

Se podría comparar a la *superwoman* con el dios indio Shiva, dotado de cuatro brazos y de un tercer ojo, capaz de organizar el mundo. Según Valerie Young, «la *superwoman* mide sus capacidades por el número de funciones que consigue asumir brillantemente. No cumplir con uno solo de sus papeles —madre, esposa, ama de casa, amiga, voluntaria...— es sinónimo de vergüenza, ya que debería poder asumirlos todos».

Entiéndelo: ¡soy una supertía que debe estar en todos los frentes!

La *superwoman* está conectada a la corriente continua. Sus exigencias se acercan a las de la perfeccionista, pero ella las multiplica y las amplía a más funciones. Tener éxito en un solo ámbito no la satisface. Necesita brillar en cada uno de los papeles que se atribuye para poder sentirse competente. Es una malabarista sin igual, inmersa en una necesidad constante de acción, con el riesgo, al final del camino, de perder su equilibrio y acabar con una baja por enfermedad.

Esto es lo que le pasó a Désirée. A los 28 años, la vida le sonreía: un marido encantador, un bebé que dormía toda la noche desde que salió de la maternidad, un trabajo de arquitecta que la llenaba, una facilidad para organizar cenas y un don como cocinera que sus amigas envidiaban. A esto añádele un apartamento de diseño en un barrio de moda de París y tienes una idea de la estampa.

«A veces me pellizcaba para creerlo; tenía tanta suerte... Me había casado con el amor de mi vida, teníamos un hijo sanísimo, mis suegros y mis padres venían a menudo a cenar a casa y se maravillaban al ver cómo lidiaba a la vez con mi papel de madre y mi trabajo de arquitecta. En ocasiones trabajaba desde casa para disfrutar de mi hijo, organizaba cenas una o dos veces por semana, con la excusa de que era más fácil que vinieran que encontrar una canguro, pese a que tenía una niñera que se ocupaba del bebé. En definitiva, tenía una vida perfecta.

»Hasta el día en que conseguí una gran obra. Empecé a trabajar por la noche para poder mantener el ritmo; estaba cansada pero muy feliz. Pensé que podía durar. La obra se retrasó, el cliente montó un escándalo, tuve que trabajar a marchas forzadas y volvía a casa cada vez más tarde. Pese a todo, rechacé la ayuda de mi marido: es abogado y me dije que no iba a molestarlo. Así pues, me encargaba de los recados, las comidas, etc.

»Tuve que pasar por el despacho un sábado para terminar un expediente. Cuando volví a casa, mi marido me dijo que nuestro hijo había dado sus primeros pasos. Mi bebé había caminado y yo no había podido verlo porque no supe rechazar un nuevo expediente. La noticia me afectó. Me eché a llorar; no podía parar. Estaba convencida de ser una madre horrible, de que mi hijo sería infeliz. Mi marido me hizo ver que vivía bajo presión. Cogí dos meses de excedencia, vacaciones. He aprendido a decir no y a no querer estar más en todos los frentes. Ya acepto que me ayuden y se siente uno tan bien...»

LA ENTREGADA

Nos gustaría completar esta galería de retratos describiendo otros dos tipos. Y empezaremos con las «entregadas»; se trata de mujeres que manifiestan una actitud de devoción que a veces llega incluso hasta el sacrificio y la victimización. Escucharse a sí misma pasa a un segundo plano; el miedo a decepcionar se vuelve dominante.

Maïté, 35 años, ilustra esta tipología que puede llegar hasta el olvido de uno mismo.

«Vengo de una familia bastante tradicional, en la medida en que mamá no trabajaba y se ocupaba de la casa, de mi hermana y de mí. Mi padre es de Toulouse y mi madre nació en Vietnam. Llegó a París para realizar sus estudios superiores en una escuela de Arquitectura; ahí conoció a papá, que era ingeniero. Cuando nació mi hermana mayor, ella dejó de trabajar.

»Mi infancia fue muy tranquila, muy rutinaria. Fui una buena niña; me gustaba mucho leer, sobre todo cómics. Mi padre solía estar ausente y era bastante severo. Recuerdo que no me sentía cómoda, hablaba poco. Mamá nos llevaba en palmitas; también supervisaba nuestros deberes, con especial atención a las matemáticas. Grandes berrinches acompañados de castigos me empujaron sin duda a sacar buenas notas. El fracaso nunca fue una opción. Resulta que estaba bastante dotada para los estudios; me incorporé a la escuela Supélec después de un curso preparatorio casi militar. Este ambiente tan organizado me resultaba familiar. Por eso jamás me planteé qué me gustaría hacer.

»Pasé a ser consultora estratégica en una prestigiosa consultoría, donde conocí a mi futuro marido. Tras el nacimiento de nuestro primer hijo, no he retomado mi trabajo. Mi madre me animó. Esta pasividad, esta incapacidad de expresar lo que de verdad deseaba estaba fuera de lugar. Y me doy cuenta retrospectivamente de que el resto de mi vida no ha sido más que una extensión de esta forma de ser. Me he adaptado a mi vida, sin conseguir decir no a las peticiones de los demás, sobre todo a las de mi marido. Cuando nos fuimos a vivir a Singapur como expatriados, no me sentía nada cómoda con mi doble cultura y me centré por completo en la educación de mis hijos. Me costaba integrarme en los grupos de otras madres. Me escondí detrás de mi pareja y mi familia durante mucho tiempo. Me convertí en una niñera digna de admiración. Las palabras y la forma en que me trataban mi marido y mis hijos, como una ciudadana de segunda, invisible, a su servicio, me hacía sufrir mucho, pero era incapaz de reclamar un espacio. Estaba llena de resentimiento e inquietud por no haber retomado mi actividad, al tiempo que me sentía incapaz. Mi confianza en mí misma estaba hecha añicos, suponiendo que haya existido alguna vez. Esperaba que me dieran permiso para vivir.

»Me quedé sin voz y solo avanzaba porque mi marido llevaba la voz cantante. De hecho, me movía de forma paralela a mí misma, sin saber cómo retomar mi propio destino. Pero dentro de mí crecía una rabia sorda. Durante mi tercer parto, casi me muero. Había tocado fondo y sentí pánico. Mi modo de funcionar me iba a matar; eso tenía que cambiar.

»Fue un proceso largo; a menudo me siento culpable, pero no es exactamente como antes. Seis meses después del nacimiento de mi hijo pequeño, hice cursos de hablar en público y cursos de canto en un coro. Esto me ha ayudado a recobrar la voz, literalmente, a escucharme; aunque pueda parecer una tontería, es un detonante increíble de la confianza en uno mismo. Me vi reducida al silencio; he recuperado el habla. Aunque una nueva mudanza nos ha llevado a Tailandia, he creado talleres que ofrezco a otras mujeres, al igual que yo, propensas a la timidez, para que logren recobrar su voz y se limiten a volver a cantar.»

La historia de Maïté ilustra otra señal de baja confianza en uno mismo: una actitud que consiste en conformarse con lo que cree que esperan de ella, en dejarse absorber por las expectativas de los demás por miedo a decepcionarlos. Durante mucho tiempo, Maïté ha permanecido atrapada en la consideración ajena y se ha olvidado de sí misma, lo que ha hecho que pierda confianza en su valía. Pero ha roto con el esquema y ha recuperado las riendas de su vida, después de un golpe que, paradójicamente, le ha permitido reconectarse consigo misma y encontrar lo que quería. Al aventurarse con el canto, se ha autoafirmado al dejar de buscar aprobación y ha salido de su zona de confort.

La entregada/sacrificada se excluye de su posible destino y decide permanecer en un segundo plano, no por falta de capacidades, sino debido a una traba social, sobre todo en determinadas épocas. Este fue el caso de la novelista francesa Colette. A finales del siglo XIX, prestó su pluma a su marido Willy, para la serie de *Claudine*, antes de firmar con su nombre.

En su novela *La esposa*,[9] Meg Wolitzer describe la manera en la que una mujer deja que su marido se adueñe de su identidad como escritora y se lleve la gloria en su lugar. Esta actitud casi de sacrificio parecería poco probable en la actualidad. Sin embargo, en el inconsciente colectivo femenino siempre subyace, más o menos, por medio de ciertos comportamientos, como el hecho de no atreverse a hacer una pregunta.

Carl Rogers decía de la noción de «sí mismo»: «No podemos cambiar, no podemos renunciar a lo que somos hasta que no hayamos aceptado lo que somos».[10] La cuestión de la aceptación es primordial, y la categoría de las «falsas confiadas» es un fiel reflejo de esta carencia y de la sombra proyectada en la conciencia de uno mismo, indispensable para una sensación de confianza y energía.

LA FALSA CONFIADA

Bajo un aparente brillo, la «falsa confiada» esconde un rostro más sombrío y una falta fundamental de aceptación de sí misma.

Hacer gala de una confianza desbordante, mostrar al resto del mundo que lo podemos hacer tres veces más que los demás, hacer alarde de todos los indicadores de éxito —en el trabajo, en pareja o físicamente—; todo eso no tiene por qué ser el reflejo de una buena autoestima y una confianza en uno mismo intrínseca. A menudo, esta imagen de uno mismo insolente e inquebrantable es de hecho un escudo, una cortina de humo que sirve de protección a un concepto de «sí mismo» frágil que, sobre todo, no quiere ser desenmascarado y que no soporta la crítica, a riesgo de enojarse enseguida. Toleramos al otro siempre y cuando no cuestione nuestra máscara de protección ante nuestras dudas y nuestros miedos. Sentimos una especie de confianza mientras conseguimos que los demás nos aprecien, gracias a la imagen que tienen de nosotros, en este deseo insaciable de agradar y ser aceptada. La falta de aprobación puede poner todo en duda y quebrar nuestra confianza.

Esta falta de confianza oculta bajo la máscara del exceso de confianza es un fiel reflejo de una falta de aceptación de uno mismo, puesto que la autoestima, al fin y al cabo, sigue dependiendo demasiado (como en la perfeccionista) de los logros externos y no se percibe como una evidencia. También refleja, como en el caso de la perfeccionista, una dificultad a aceptarse tal y como somos, aunque debería tener una mirada más amable sobre sí misma, sobre su justa valía.

Una falsa confiada en el cine

En la película *Manhattan*, de Woody Allen (1979), Mary Wilkie, el personaje interpretado por Diane Keaton, es la imagen perfecta de la falsa confiada. Periodista neurótica y arrogante, predica sin cesar sus capacidades intelectuales, llena sus conversaciones de referencias, cita sin parar a Carl Young, Norman Mailer, Scott Fitzgerald, y rebate el punto de vista de los demás personajes con una brillante reflexión..., pero no puede seguir con su vida sentimental debido a lo que duda de sí misma y se pasa la vida en su psicólogo.

Fragmentos escogidos:

IKE: [sobrevalorado] ¿Bergman? Bergman es el único genio del cine en la actualidad, creo. Quiero decir... [...]

MARY: [...] Es lúgubre, por Dios. Quiero decir, todo ese aspecto kierkegaardiano, ¿no? Muy adolescente, género de tendencia pesimista. Es decir, ese silencio. El silencio de Dios. [...]

MARY: Estaba harta de sofocar mi identidad en el dominio de un hombre brillantísimo. ¡Un genio! [...]

MARY: Oh, de todos modos, ¿qué significa ser guapa? Odio ser guapa. De todas formas, ¡es tan subjetivo...!

Para cada una de estas tipologías de impostura y de falta de confianza en uno mismo, es necesario volver a evaluar esas convicciones sesgadas y obsoletas si se quiere separar el grano de la paja y desarrollar una imagen de sí misma menos severa. La compasión también es de gran ayuda, ya que permite silenciar la autocrítica ante los errores y el miedo al fracaso que nos tiranizan y que mantienen el síndrome de impostura.

Además, incluso si las mujeres entran en la categoría de las independientes o las falsas confiadas en un periodo de su vida, también pueden ser «duras de pelar», auténticas *superwomen*. El 25 de junio de 2019, la importantísima *Harvard Business Review* publicó los resultados de un estudio sobre una cuestión sumamente incendiaria: «Women Score Higher than Men in Most Leadership Skills».[11]

Este mismo estudio demuestra que las mujeres presentan una falta de confianza en sí mismas al inicio de su vida profesional, luego ganan más confianza alrededor de los cuarenta y se vuelven más seguras de sí mismas después de los cincuenta. En algunos aspectos, es tranquilizador y nos confirma que la confianza en una misma se desarrolla con el tiempo (volveremos sobre esto en el capítulo 4, en la página 151). Hemos adquirido una cierta experiencia en el ámbito profesional. Nos preocupamos menos de la consideración de los demás. Somos conscientes de que el tiempo pasa, que la vida es corta.

Las mujeres son mejores que los hombres en la mayoría de las competencias de liderazgo[12]

Capacidades	% mujeres	% hombres
Toma la iniciativa	55,6	48,2
Resiliencia	54,7	49,3
Practica el desarrollo personal	54,8	49,6
Muestra una voluntad de obtener resultados	53,9	48,8
Muestra un alto grado de integridad y honestidad	54,0	49,1
Participa en el desarrollo personal de los demás	54,1	49,8

Inspira y motiva a los demás	53,9	49,7
Audaz en el liderazgo	53,2	49,8
Entabla relaciones	53,2	49,9
Defiende y promueve el cambio	53,1	49,8
Fija objetivos ambiciosos	52,6	49,7
Colaboración y trabajo en equipo	52,6	50,2
Abierto al mundo exterior	51,6	50,3
Comunica mucho y con fuerza	51,8	50,7
Resuelve los problemas y analiza las dificultades	51,5	50,4
Rapidez de liderazgo	51,5	50,5
Innova	51,4	51,0
Conocimientos técnicos y profesionales	50,1	51,1
Desarrolla perspectivas estratégicas	50,1	51,4

A pesar de estas cifras, según el S&P, índice bursátil basado en quinientas grandes empresas que cotizan en bolsa en Estados Unidos, solo el 4,9 % de los CEO (*chief executive officer* corresponde más o menos a «presidente-director general») de la lista publicada por la revista *Fortune* son mujeres y el 2 % de esas quinientas empresas están dirigidas por mujeres.[13] Busca el error.

Para recordar: los cinco consejos de Jessamy Hibberd[14] para luchar contra el sentimiento de impostura

1. Lo esencial del trabajo es tener en cuenta todo lo que somos.
2. Ayuda muchísimo hablar de la falta de confianza en una misma, ya que mantenerlo en secreto produce vergüenza.
3. Sostenemos la idea de que nos hace invulnerables, cuando en realidad nuestra vulnerabilidad puede resultar atractiva.
4. Con la compasión, vemos que los errores son muy útiles para convertirse en resiliente, que sobrevivimos a nuestros errores.
5. Una voz crítica diría: «Nunca cometas errores, so pena de estar en el punto de mira». Una voz compasiva prefiere decir: «Los errores son humanos; todos los cometen».

Todos conocemos la expresión latina según la cual errar es humano: *Errare humanum est*. Conocemos menos la segunda parte de la oración, que establece que perseverar en el error es diabólico: *Perseverare diabolicum*... Ser humano, ser indulgente y aprender de los errores sería la fórmula de las confiadas.

4

LA CONFIANZA CAMBIANTE

> No hay nadie que haya nacido
> bajo una mala estrella; solo hay personas
> que no saben leer el cielo.
>
> DALÁI LAMA

La confianza en sí mismo es un concepto fluido y dinámico. Según nuestras experiencias, se puede reforzar o deteriorar, sobre todo si se han dado situaciones de humillación o sufrimiento en la infancia, como hemos comentado en los capítulos 1 y 2. Esas heridas del pasado pueden acentuar sucesos negativos concretos y atraparnos en una espiral de desprestigio de nosotros mismos, un sentimiento de fracaso y vergüenza.

Podemos encontrarnos con personas que echarán por tierra nuestra confianza en nosotros mismos o, por el contrario, la generarán. Nada está escrito. A pesar de una infancia difícil, incluso horrible, podemos, mediante un proceso de resiliencia hoy en día muy conocido, rehacernos y salir adelante.

Abundan los ejemplos; uno de ellos es el de Albert Camus, que jamás conoció a su padre, el cual murió en el frente durante la Primera Guerra Mundial. Crece en Argel en la miseria. Su madre es sorda y analfabeta; su abuela, violenta. Sin embargo, tiene la suerte de que se cruce en su camino un maestro que creyó en él y él aprendió a creer en sí mismo, un «tutor de resiliencia», según las palabras de Boris Cyrulnik. Cuando recogió el Premio Nobel de Literatura en 1957, le envió una carta que decía así:

> Estimado Sr. Germain: […]. Me acaban de conceder un grandísimo honor, que ni he buscado ni solicitado. Pero cuando recibí la noticia, mi primer pensamiento, después de para mi madre, fue para usted. Sin usted, sin esa mano afectuosa que tendió al niño pobre que era, sin sus enseñanzas y su ejemplo, nada de esto habría ocurrido.

Por parte de las mujeres, quién iba a pensar que Gabrielle Chanel, más conocida como Coco Chanel, construiría un imperio, cuando sabemos la triste infancia que ha tenido. Gabrielle es hija de un feriante y una modista, la mayor de cinco hijos. Su madre muere, a causa de la tuberculosis y agotada por el trabajo, cuando Gabrielle tiene apenas doce años. Su padre, que siempre ha reprochado a sus hijos que le amargaran la existencia, la deja a ella y a dos de sus hermanas con una de sus tías (en un convento, según la leyenda). Huérfana, ingresa en las damas canónigas para aprender el oficio de costurera. Después comienza un largo y asombroso ascenso al oficio de modista (confección de sombreros), luego la apertura de un salón y tiendas, hasta la creación de un nuevo estilo y una de las casas de moda más importantes de su época. Sin embargo, si hay una dura prueba es el abandono: ¿cómo sentirse querida, cómo tener confianza en ti misma cuando los hechos parecen decirte que no mereces que nadie se ocupe de ti?

Si bien la confianza en sí misma no puede ser total y definitivamente inexistente, es importante recordar que ya no puede ser absoluta y cubrir todos los aspectos de la vida. Se puede ser la Serena Williams del liderazgo pero la Bécassine* de la organización. No importa; lo esencial es no fantasear con la perfección ni idealizarla, sino más bien priorizar el hecho de conocer sus fortalezas y debilidades, sin dejar de ser flexible para amortiguar los golpes de la vida.

LA VIDA NO ES UN CAMINO DE ROSAS

La confianza en uno mismo puede variar. Tenemos que afrontar tempestades que socavan nuestra confianza en nosotros mismos y hacen que disminuya nuestra voluntad y se ralenticen nuestras acciones. Otras veces, avanzamos por la vida sintiéndonos bien en nuestra piel, dispuestos a actuar, con todos nuestros medios. Los obstáculos son más o menos importantes. Pero que todo vaya siempre bien, eso no existe. El sentimiento de tener

* Nombre de la protagonista del cómic francés homónimo. *(N. de la t.)*

confianza en uno mismo, incluso si es firme, depende de factores externos y, por tanto, no es constante. Los vaivenes de la vida, del trabajo o en la familia, los accidentes, los ascensos, el paro o incluso la pérdida de un ser querido; todo eso afecta directa o indirectamente al concepto de «sí mismo», nuestra necesidad de reconocimiento, en función de si uno se siente valorado o despreciado. Además, si partimos del principio de que progresar en la vida es importante, hay que saber salir de la zona de confort y asumir riesgos. Tener confianza en uno mismo no significa no cometer nunca errores, sino aceptarlos y ver qué podemos aprender de ellos.

> Cuanto antes comprendas que todo cambia, que las cosas que te pasan no te definen, que todo será distinto y que no tienes tanto control sobre lo que ocurrirá después, más aprenderás a vivir el presente. Encuentra tu punto de anclaje y abre la mente a lo que aparecerá.[1]
>
> AMY POEHLER, actriz, humorista y guionista estadounidense

Algunos acontecimientos afectan a nuestra trayectoria y nos vuelven vulnerables. Es el caso del divorcio, la pérdida de un ser querido o la enfermedad. El cúmulo de «accidentes de la vida» puede hacer que nos entren ganas de tirar la toalla, que minen la confianza en nosotros mismos. Tenemos miedo de caer en los mismos errores, de afrontar otros sufrimientos, nuevos fracasos.

El divorcio: de la pérdida de puntos de referencia al trauma

«Ningún fracaso corriente, como una enfermedad, un fracaso económico o profesional, resuena de forma tan cruel en el inconsciente como un divorcio. El divorcio penetra hasta el núcleo de la angustia y la reaviva. Es la herida más profunda a la que nos somete la vida», manifiesta Botho Strauss, dramaturgo alemán contemporáneo. La siguiente historia nos muestra hasta qué punto este trance puede afectar a la confianza en uno mismo.

Alice es una mujer que ronda los 50 años, muy guapa. Sonriente y enérgica, una mirada azul y sincera; parece al mismo tiempo muy segura de sí misma y muy empática. ¿Confía en sí misma?

> Hoy sí. Pero no siempre ha sido así. Hace unos veinte años me divorcié. Antes de mi divorcio, tenía una confianza en mí misma relativamente alta. Para empezar, estaba casada, lo cual era muy importante para mí, y tenía dos niños. El trabajo era el único pero. Debido a las obligaciones profesionales de mi marido, tuve que dejar mi trabajo en el sector de la publicidad y convertirme en *free-lance*; pensé entonces que sería algo provisional. Limitarme a ser madre y ama de casa no era suficiente: empecé a perder confianza en mí misma y el divorcio remató esta impresión. Ese concepto de separación definitiva realmente me afectó y me destruyó por completo. Tenía la sensación de no tener una base firme. Confiaba en mí misma a nivel intelectual; sabía de mis capacidades, tenía confianza en mí a nivel físico, pero, por lo demás, estaba so-

bre todo el fracaso y la vergüenza. Naturalmente, más tarde, otras amigas mías se han divorciado, pero yo fui la primera, la más joven, y lo he vivido como algo insoportable.

Alice cuenta con mucha clarividencia cómo estar sola, sentirse diferente, ha creado un sentimiento de vergüenza que también ha contribuido a minar su confianza en sí misma.

Durante un año, estuve en un estado cercano a la depresión. Todo mi estilo de vida se cuestionó. Ya no tenía ninguna confianza en mí misma. No me veía yendo a cenar sola a casa de mis amigos, era superior a mis fuerzas; estaba peor que ellos porque estaba divorciada. Sentía que me habían amputado una parte de mí misma, me sentía pequeñita.

Me daba vergüenza estar sola: ya no era como los demás; todas mis amigas estaban casadas, todas las demás mamás del colegio también. Tenía 35 años; me sentía demasiado joven para estar sola.

La gente me preguntaba: «¿Qué haces?». Y yo no sabía qué responder. Tenía la sensación de estar ofreciendo información dolorosa y contagiosa: divorciada, dos hijos, sin trabajo, sin perspectivas de futuro. Me sentía rechazada. Era tan difícil que decidí marcharme de París e irme a vivir a Barcelona, y me dije que podría reinventarme, revitalizarme, volver a escribir una página en blanco. Había vivido parte de mi niñez en España, con unos padres cariñosos, y hablaba español con fluidez.

Si bien se puede perder la confianza en uno mismo, también se puede ganar. Gracias al trabajo con uno mismo, a un cambio de vida. Al igual que después de un

duelo, porque es el duelo de una relación lo que está en juego, según lo cuenta Alice con gran lucidez.

El divorcio me hizo sufrir muchísimo, y como me interesaban las causas del sufrimiento humano, decidí retomar los estudios de Psicología para poder comprenderlas. En esa época, quería trabajar con parejas, organizar talleres de apoyo. Esos estudios de Psicología me ayudaron mucho: tenía que curar heridas; eso me dio una gran confianza en mí misma, me salvó. Y después tuve un oficio, una ocupación, una razón por la que levantarme por la mañana... Tener un trabajo significaba poder existir a nivel social. Al fin pude deshacerme de ese sentimiento de fracaso y de vergüenza.

Ahora entiendo la complejidad y el trauma que supone un divorcio. No se habla lo suficiente, pero es un trauma que afecta en gran medida a la confianza en uno mismo y a la autoestima: una se siente rechazada, no deseada. Es un duelo de la relación, un duelo de la vida soñada. Para volver a generar confianza en uno mismo, habría que considerar todo lo que hemos conseguido, todo lo que hemos hecho para superarlo. Debemos recurrir a los demás, no dudar a la hora de pedir ayuda, preparar cenas, conocer gente, hacer deporte, volver a conectarse con el cuerpo. Así nos sentimos más fuertes físicamente, tenemos endorfinas, serotonina, dopamina; ¡todas las vitaminas de la felicidad! Y reformular nuevos valores, no renegar de todos, sino hacer un balance de lo que es importante, para volver a hacer planes. Dado que la vida se compone de tropiezos, hay que participar. Empecé a correr y ahora soy psicóloga. Y luego, preocupados por el bienestar de nuestros hijos, mi exmarido y yo hemos conseguido triunfar después del matrimonio, cosa que no logramos en nuestra relación.

Dejar de contar para la otra persona puede vivirse como una muerte física. Alice forma parte de quienes, lejos de sentir alivio, han llevado mal la separación irreversible, que se parece en muchos aspectos a la muerte, y eso pese a tener una gran confianza en sí misma. La consideración del otro cambia, se vuelve indiferente, y provoca una sensación de desorientación y aislamiento extrema. Uno se vuelve invisible. La falta de nitidez y la confusión priman sobre determinadas convicciones y provocan una falta de control donde la imagen de uno mismo se ve mermada. Alice se siente reducida a esta definición de «mujer divorciada».

La confianza en uno mismo no es buena compañera del sentimiento de no pertenecer al grupo dominante: demasiado joven para divorciarse, no lo suficientemente mayor para no asustarse, desfasada y sola, impidiendo toda esperanza de tener éxito o de ser eficaz en algo. Un modelo de padres afectuosos le dará la fuerza y la confianza para rehacerse; en el fondo, ella sabe que vale la pena. Una vez lograda la distancia geográfica y emocional, ella ha podido volver a conectarse con sus deseos, reformular nuevas aspiraciones, redefinirse al abrigo de las miradas. Ha podido reconocer que el objeto tan amado no era «todo». Con esta nueva madurez, ha podido volver a confiar en los demás, en la vida, en ella misma.

Aunque Alice ha necesitado tiempo y coraje para rehacerse, para otras mujeres, el divorcio es una oportunidad única para fomentar la confianza en sí mismas. Aprovechando recursos insospechados, se dan cuenta de que pueden apañarse solas y eso les proporciona una sensación de libertad y alegría impresionante.

El duelo

La pérdida de un ser querido, sobre todo si es repentina, afecta seriamente a la confianza en uno mismo. El duelo puede ser una experiencia devastadora. Sheryl Sandberg, directora general de Facebook, tenía una vida de ensueño, un marido afectuoso y dos hijos. Su libro *Vayamos adelante (lean in): las mujeres, el trabajo y la voluntad de liderar*[2] mostraba un modelo de éxito profesional. Enfrentada al duelo, esta mujer poderosa perdió su confianza tras la muerte súbita de su marido, de 47 años: «Su tendencia a disculparse era debida a un síntoma inesperado de su pena: Sandberg ha perdido por completo la confianza en sí misma», dice su coautor,[3] el psicólogo Adam Grant. Sheryl añade:

> Todo se vino abajo. Nunca pensé que podría ser una buena amiga. Nunca pensé que podría hacer mi trabajo... Eso me recordó la manera en que un día, en mi barrio, vi una casa que tardó muchos años en construirse; se derrumbó en cuestión de minutos. ¡Bum!, al suelo.[4]

Un mes después de la muerte de su marido, escribió un largo artículo en Facebook para hablar de su tristeza, la forma de lidiar con ella, las reacciones de su entorno. Casi 650.000 me gusta, 45.000 comentarios y 275.000 veces compartido; las palabras, lejos de dejar indiferente, han llenado un vacío. Consciente del dolor de otras mujeres en su situación, Sandberg compartió después su experiencia del duelo y su planteamiento de la resiliencia escribiendo, junto con Adam Grant, el libro

Opción B: afrontar la adversidad, desarrollar la resiliencia y alcanzar la felicidad.[5] Un tratado sobre la tristeza y un canto a la vida.

La experiencia de la solidaridad y el trabajo de escritura han permitido reconstruir la confianza.

La enfermedad

Una enfermedad también puede mermar nuestra confianza en nosotros mismos. Los cambios en nuestro físico, la pérdida de control de nuestro cuerpo son muchos golpes para el ego. Pero nuestra relación con la enfermedad y la victoria sobre ella pueden restablecer la confianza y reforzarla. Esto es lo que nos cuenta la radiante Henriette, 42 años y una voluntad de hierro.

> Mis padres tienen los dos un carácter muy fuerte. En la cultura de mi padre, los chicos tienen derecho a salir, no así las chicas: mi hermano tenía toda la libertad del mundo, mientras que a mí me prohibían todo. Mi madre me mimaba mucho; era protectora, pero no cariñosa: no me abrazaba. Me llevaba bien con ella, confiaba en ella, pero se enfadaba mucho. Fui testigo de continuas discusiones entre mis padres. Mi padre me ha aterrorizado toda mi vida, no solo por su carácter fuerte, sino también porque su físico impone. De pequeña, en el colegio, no les caía muy bien a los profesores; pensaban que era demasiado discreta, demasiado tímida. Así que me pasé la infancia estudiando o en la cocina haciendo pasteles, porque era el sitio de una mujer.

Mi madre pensaba que no era bueno felicitar a sus hijos. Jamás me ha dicho: «Eres guapa» o «Eres inteligente»; sin embargo, me habría gustado escucharlo, aunque no fuese cierto. Había que ser humilde, sencilla, y sobre todo no hacerse notar. Este es el motivo por el que siempre me han borrado y, como resultado, eso me aisló por completo. Apenas sabía lo que era un chico. Con mi primer novio, no pasó nada porque no sabía qué hacer. He estado muy sola, incluso en la universidad; eso se debió, sin duda, a que siempre era la primera en todo: no tenía otra cosa que hacer y seguía sin poder salir. Que me felicitaran por mis buenas notas me ha dado un poco de confianza en mí misma. También me ha ayudado a encontrar una motivación y la fuerza para continuar con mis estudios.

Desde la niñez, las exigencias familiares de desvanecerse distinguen a Henriette. El sentimiento embrionario de marginación empieza y acrecienta progresivamente la capa del aislamiento. Gracias a su relación con el mundo, con el exterior, Henriette gana un poco de confianza en sí misma; a partir de ese instante, alza el vuelo.

A los 23 años, me hice profesora de inglés, libre del control de mis padres. Conté con el apoyo de mis alumnos y la directora. ¡Una revelación! También conocí a Mathieu, que era actor y me dio confianza en mí misma. Me sentí halagada por tener un novio muy guapo. Unos años después, a los 28, conocí a Douglas. Nos casamos; éramos jóvenes y estábamos enamorados, pero nuestra relación se desmoronó muy rápido. Él despreciaba lo que yo era. Me marché de

Fontainebleau, donde estaba feliz en mi trabajo, porque su carrera era más importante que la mía: volvimos a encontrarnos en París. Debido a las agotadoras horas de transporte, me costó mucho quedarme embarazada, mientras que todas mis amigas lo conseguían. Me sentí un cero a la izquierda. Pensé que era muy afortunada por tener a Douglas, que asumía la situación, una mujer incapaz incluso de tener hijos... Seguí todo tipo de tratamientos, sin éxito; después obtuve un empleo en París y... ¡me quedé embarazada! Me sentía tan feliz. Un segundo embarazo muy pronto después del primero; estábamos encantados. En ese momento, a Douglas le ofrecieron un trabajo en Inglaterra. Eso no me apetecía, pero, tras un año de idas y venidas, decidí reunirme con él. En cuanto llegué a Londres, me quedé embarazada por tercera vez; tuve una hija que padecía una enfermedad rara y eso ha hecho que me sintiera muy culpable. Ya no tenía ninguna confianza en mí misma.

Por desgracia, su papel de esposa empaña la mirada confiada que tiene sobre sí misma y le devuelve un reflejo distorsionado. Su fragilidad interior es palpable. Las constantes críticas le hacen perder su confianza y dejan que se asiente la duda, que subestima la imagen que tiene de sí misma. El hecho de sentirse distinta de las otras madres la reafirma en su percepción de ineptitud, sobre todo a causa de la enfermedad rara de su hija, por la que ella se juzga de manera muy dura.

Poco a poco, he podido recomponerme volviendo a estudiar dietética y, sobre la marcha, he creado mi consultorio: ¡ha prosperado muy rápido! He encontrado de nuevo una verdadera confianza en mí misma. Lamentablemente, Douglas no soportó mi éxito. Se ha vuelto distante, cada vez más despectivo, con comentarios desagradables. Durante un control rutinario, me detectaron un cáncer de mama. No me lo esperaba. Conmocionada por la noticia, volví a casa llorando. Tenía miedo de que me quitaran un pecho, miedo de no volver a ser femenina. En realidad, mi marido ni se inmutó; no comprendía mi angustia: le parecía inútil. Me operaron, aunque por suerte no me extirparon el pecho. Hice radioterapia, que me ha provocado quemaduras por todas partes, pero al final me siento orgullosa de haberlo superado.

Tres meses después, me diagnosticaron un cáncer de colon. Me hundí. Lloré mucho, y cuando se lo comuniqué a mi marido, lo único que me dijo fue: «¡Eres un producto defectuoso! ¡No quiero un producto defectuoso en mi casa!». Después me echó.

La comparación con los demás, en lo negativo, afecta a nuestra valía. Pese a todo, Henriette progresa y lo consigue. Cuando cae enferma, su cuerpo la traiciona. El cuerpo pesa tanto en la confianza en uno mismo; cuando nos sentimos bien y fuertes, tenemos ganas de comernos el mundo. Cuando nos sentimos limitados y débiles, la confianza desaparece. Desde el momento en que se habla de cáncer de mama, se ve afectada la representación femenina. No sentirse mujer crea una especie de angustia que puede llegar a la depresión. Henriette luchó en medio de este huracán y ha generado una confianza en sí misma que hoy considera «casi indestructible». Ha logrado expresar sus necesidades, hacerse oír y rodearse de gente. Ha pasado de juzgarse a sí misma a aceptarse.

Esta prueba ha demostrado su verdadera fuerza y su verdadera belleza.

Una de mis amigas enseguida me encontró un apartamento: eso me salvó la vida. Y vivir con mis hijos sin Douglas ha sido un alivio. Mi enfermedad ha transformado mi familia: mis padres han sentido que necesitaba que estuvieran cerca de mí y han venido a apoyarme. Toda la distancia que existía entre nosotros, que provenía sin duda de una cierta timidez por su parte, se ha desvanecido. Mi padre hablaba conmigo todos los días; eso me ha conmovido, me he sentido valorada. He comprendido que me quería a su manera, al igual que mi madre. He adelgazado mucho, se me han caído las pestañas, las cejas, el pelo, pero no he perdido a mis amigas. Una de ellas acababa de casarse y, no obstante, se apresuraba a llevarme al hospital e iba a recogerme. El trance del cáncer ha sido largo, quince sesiones de quimioterapia. Pero si vas pasito a pasito lo consigues. Físicamente, es normal perder la confianza en uno mismo. Mi madre me ha ayudado mucho llevándome a la peluquería cuando me empezó a crecer el pelo, me compró maquillaje, unos zapatos bonitos, un traje de baño precioso que oculta la cicatriz. Para tener confianza, también evité decir que estaba enferma a muchas personas, puesto que la mayoría no sabe qué decir. He intentado llevar una vida lo más normal posible; de lo contrario, me habría sentido demasiado distinta. Después, sentí fuerza. Toda mi confianza actual se la debo a ese cáncer, porque lo he superado, he sobrevivido. A mi cáncer, pero también a las cosas terribles que me hizo Douglas. Ahora me estoy recuperando, me siento plenamente realizada a nivel profesional, he aprendido a controlar mi miedo a una recaída, porque el miedo no me sirve para nada;

me siento casi invencible. Este trance me ha permitido conocerme mejor, descubrirme a mí misma, descubrir mi fuerza y poder transmitírsela a los demás. Y además me acepto como soy; gorda o flaca, sigo teniendo los mismos amigos fieles. Y he recuperado esta confianza resplandeciente. Lo que atrae a la gente no es un vestido bonito, sino una energía, el buen humor. William, mi mejor amigo, siempre me ha apoyado; me repite que soy alguien extraordinario y yo he acabado por creerlo.

Algunas vicisitudes de la vida alteran nuestra confianza en nosotros mismos, algunas también nos someten a duras pruebas: Henriette se ha rehecho al revés y, contra toda expectativa, ha creado una firme confianza en sí misma después de haber padecido dos cánceres y una separación.

¡La tiranía de las contradicciones, otra vez!

Hay que ser único, pero formar parte de una casilla preconcebida. Formar parte de una casilla, pero ser original. Ser original, pero no marginal. Cuidar el aspecto, sin ser objeto sexual. Seducir a los hombres, pasando desapercibida. No castrar, no someterse. No ser una zorra, pero hacer el amor como en una película porno. Monja multiorgásmica. Ser divertida, pero no payasa. Ir maquillada, pero no ridícula. Tierna, pero sofisticada. Natural, pero sexi. Exuberante, pero rapada como una militar. Ser madura, pero permanecer joven. Permanecer joven, pero no pueril. Estar delgada, pero tener pecho. Cocinar, y estar a dieta. Vividora, hambrienta. Tener carácter —uy, cuidado, eso es demasiado—: estás loca. No querer formar una familia a toda costa, pero aun así formar una. Trabajar cuarenta horas semanales, pero preparar platos ecológicos «caseros». Ser una buena madre, pero no perderse. Perderse, eso está mal. Pero ser una mala madre, también. Veinte minutos diarios de yoga, pero siempre siempre mantener el control. Sin duda, eso no deja demasiado espacio para revolucionar el mundo...[6]

El peso de la desgracia

No se pueden subestimar los pequeños abusos diarios, los comentarios hirientes, los contratiempos que merman la confianza en sí mismas de las mujeres, todos causados casi sin pensar. A menudo se vigila de cerca a las mujeres, esperando que fallen, se las juzga negativamente por su actitud o por su estilo de vida. Es para no entender ni jota.

Élodie, 28 años, desarrolladora de *software*, casi pierde su confianza en sí misma y su sangre fría.

«Cuando quise retomar el trabajo tres meses después del nacimiento de nuestro hijo, mi marido se opuso radicalmente: "Es tan pequeño. ¡No lo has traído al mundo para que lo críe una niñera!", me dijo. Asentí, desistí y me dediqué a criar a nuestro hijo. Seis meses después, el discurso de mi marido había cambiado por completo.

»—Deberías buscar trabajo. ¡Es deprimente tener un ama de casa! Ya no eres más que una madre, nada apetecible.

»—¿Sabes qué va a ser apetecible, mi amor? La custodia compartida, si sigues hablándome en este tono.

»Eso lo calmó y acabé encontrando un trabajo seis meses después, porque YO tenía ganas. ¡Ya está bien!; es como para volverse loca.»

Con semejante confusión, no es de extrañar que las mujeres se sientan debilitadas y vean oscilar su confianza. Es lo que sucede en el mundo del deporte, donde a veces existen dos varas de medir. Difícilmente le perdonarán una falta de ética a una mujer atleta y menos aún la comprenderán. Recuperarse de una situación desgraciada es casi imposible para una mujer.

Pensemos en el regreso triunfal de Tiger Woods. ¿Tendrían la misma indulgencia con una atleta si hubiese engañado a su marido con otros hombres?

> De las pocas figuras femeninas de culto, los patrocinadores y los admiradores quieren, en algún momento, que sean perfectas... o al menos discretas. La conducta moral de las mujeres influye profundamente en la percepción que se tiene de sus logros profesionales. Nueve veces campeona de la NCAA,[7] a Suzy Favor Hamilton[8] la pusieron a la altura del betún después de que la pillaran ejerciendo como prostituta de lujo. [...] Las mujeres no pueden literalmente permitirse el lujo de cometer esos errores que vemos en las largas carreras de atletas masculinos...[9]

Suzy Favor Hamilton luchaba contra trastornos bipolares, pero no ha podido gozar del favor del público.

MATERNIDAD Y CAMBIOS EN LA CONFIANZA

Uno de los factores que fomenta la falta de confianza en sí mismas de las mujeres es la culpabilidad. Este sentimiento te embarga en determinadas situaciones, sobre todo cuando te conviertes en madre.

El veneno de la culpabilidad

¿El mejor consejo ante esta sensación tóxica? El que da Armelle Carminati, del Medef (Movimiento de Empresas de Francia), a las mujeres dirigentes: «Chicas, deshaceos de la culpa materna. Ningún tío llega a la oficina diciendo: "¿Han comido bien los niños? ¿Se acostarán a las ocho y media? ¿Se enfurruñarán si llego tarde?"».[10]

Es divertido escuchar estas palabras y sin duda se han pronunciado con un gran sentido común. Sin embargo, es difícil que las mujeres que trabajan, y que no suelen tener dudas ni falta de confianza en sí mismas, no caigan en la culpa.

> Shanti, 27 años, es feliz. Tiene un marido que trabaja mucho y dos hijos adorables. Pero cuando se los deja a su madre por la mañana para ir a trabajar, pierde toda su confianza.

«El fin de semana estamos juntos los cuatro, hacemos un montón de cosas: paseamos, dibujamos, cocinamos. Pero trabajo de niñera; me ocupo de dos niñas pequeñas de lunes a viernes. Son muy monas; siempre me han encantado los críos. Sin embargo, todos los lunes por la mañana me hago mil preguntas y me culpabilizo. ¿Hago bien dejando a mis propios hijos para ocuparme de los de otra persona? ¿Se enfadarán conmigo después? ¿Me lo reprocharán? Por suerte, mi marido me tranquiliza, y a medida que avanza la semana recupero la confianza. Me digo que es el sino de todas las madres culpabilizarse, independientemente de su profesión.»

Chiara Ferragni, bloguera y estilista italiana, es la persona influyente más poderosa del mundo,[11] con casi dieciocho millones y medio de seguidores en Instagram. Dirige su propia marca, es la musa de otras marcas, participa en programas de televisión y se pasa la vida viajando, desde *fashion weeks* hasta eventos sociales, a lugares glamurosos y paradisíacos. Está casada y es madre de un niño. El 3 de junio de 2019, mientras volaba de Los Ángeles a Roma, escribió en su cuenta de Instagram unas palabras que contrastan con su imagen de *superwoman*:

«Sé que me va a desbordar la alegría y el orgullo de todo lo que he logrado últimamente. Me parecía imposible, incluso en mis sueños más locos, al inicio de mi carrera, y eso me hace muy feliz. Pero aún hay momentos en los que tengo la sensación de no ser la mejor madre o la mejor esposa, porque mi profesión me aleja a menudo de mi familia. Sé que no querría jamás ser un ama de casa (es el oficio más difícil del mundo), como tampoco podría abandonar mi profesión, la cual me hace sentir una mujer plena. [...] Pasaremos por cambios de humor increíbles y momentos extraños. [...] Es un recordatorio para mí y para ti: sé amable contigo misma y no dejes de recordarte cuán extraordinaria eres. Por todos los errores cometidos a lo largo del camino, ¡perdónate!»

La ambivalencia de las madres jóvenes

Vivimos en un periodo de cambio, con una redefinición de los papeles de cada género. Sin embargo, todavía hoy, algunas se siguen aferrando a una visión arcaica del papel de madre: adoptan determinadas creencias según las cuales las madres son las únicas responsables de la educación de los hijos. ¿Cómo, con semejantes prejuicios, podemos avanzar y ganar confianza?

Anaïs, 30 años, no logra dejar espacio a su marido y tiene problemas para reconocerlo.

«Soy periodista *free-lance* y tengo la suerte de poder trabajar en casa. Pero cada vez que tengo que ausentarme para una reunión, mi hija de 2 años, Sacha, grita y solloza durante horas. No soporta separarse de mí. Sin embargo, cuando su padre se va de casa, no monta ninguna escena. Ya no sé cómo gestionarlo; mis vecinos empiezan a ser hostiles y yo me paso el rato culpándome. Al mismo tiempo, me encanta nuestra relación simbiótica.»

Tras discutirlo, supimos que Anaïs quiere encargarse de todo lo concerniente a su hija. Es la única que la baña, le da de comer, le lee un cuento por la noche y a menudo la saca de paseo. Disuade cualquier intento de implicarse de su marido, que ha acabado por resignarse. No le deja su espacio como padre y lo excluye de su relación simbiótica. ¿Cómo puede esperar que, en estas condiciones, Sacha acepte la más mínima separación? Anaïs se siente culpable por dejar a su hija con su padre o con una niñera, pero no se cuestiona a sí misma. El trabajo para solucionar las escenas que monta la pequeña se hará, pues, con la madre.

El espacio del padre

La belga-estadounidense Esther Perel es conferenciante, autora y, sin duda, una de las psicoterapeutas de pareja más famosas, sobre todo gracias a libros como *Inteligencia erótica*[12] o *Je t'aime, je te trompe, repenser l'infidélité pour réinventer son couple.*[13] ¿Su mantra? La calidad de nuestras relaciones determina la calidad de nuestras vidas. Para ella, si el siglo XX ha suscitado en las mujeres una reflexión sobre su condición, el siglo XXI será de reflexión y adaptación por parte de los hombres. Así, calcula que el hombre actual ya no está ahí solo para encarnar la disciplina o para mantener el hogar.

> Puede, también él, ser una entidad afectiva. Los papeles se han redefinido. Y esto afecta sobre todo a la mujer, que siempre ha creído que era el progenitor número uno, el experto número uno, que carecía de todo poder público pero tenía todo el poder privado. Hoy en día, esta misma

> mujer reivindica el poder público, pero sin estar siempre dispuesta a renunciar al poder privado. Quiere que su marido sea más vulnerable, aunque no demasiado. Porque si él mismo teme derrumbarse, si empieza a llorar, ella también tendrá miedo de que él se desmorone. Y si se desmorona, ella pensará que es un niño, ¡y niños ya tiene![14]

Dejar su espacio al padre equivale a equilibrar la familia. Y mientras él se ocupa del niño, no te sientas culpable y aprovecha ese tiempo para ti.

La culpabilidad que hace que la confianza en uno mismo cambie, la reasignación de funciones que pueden desestabilizar, tantas zonas grises que pueden aclararse si uno empieza a pensar en sí mismo, en lo que más desea y en la voluntad de superar los fracasos. En este sentido, la autocomprensión es una dinámica, un proceso que ilumina la parte desconocida, pone de manifiesto nuestro potencial. No hay nada seguro. Ser conscientes nos da esperanza.

Por si todas estas fluctuaciones de nuestra confianza en nosotras mismas no fueran suficientes, ostentamos el récord absoluto de cuestionamiento interior, y eso sin la ayuda de nadie. En un editorial de la revista *Elle*,[15] la periodista Erin Doherty resume así el fenómeno:

> ¿Quién no ha practicado alguna vez este lacerante monólogo interior que hace que nos preocupemos de lo que piensan los demás de nosotras? ¿O a prever lo que podrían pensar? Las mujeres son las campeonas de to-

das las categorías de este instinto paranoico. Sin querer naturalmente estigmatizar el género. «Lo que he dicho esta mañana en la reunión, ¿no era un problema definitivo?» [...]

LA CONFIANZA LLEGA CON LA EDAD

Al adquirir confianza en sí mismas, sabiendo ya lo que quieren y lo que ya no quieren, las mujeres encuentran un ansia de libertad. ¿Es este el motivo por el que la tasa de divorcios después de más de treinta y cinco años de matrimonio se ha multiplicado por nueve en cuarenta años? ¿Por el cual el número de separaciones en los mayores de 60 se ha duplicado en diez años? En 2015, se divorciaron 24.315 hombres y mujeres mayores de 60 años, frente a más de 15.000 diez años antes. En el 60 % de los casos, son las mujeres quienes toman la iniciativa de separarse.[16]

Según un estudio publicado en el *Psychological Bulletin*,[17] la mayor confianza en uno mismo debería conseguirse a los 60 años. Con los hijos criados, con un cónyuge encontrado o reencontrado, un buen autoconocimiento; estos son los motivos de sosiego y confianza, más aún cuando a los 60 a una empieza (¡ya era hora!) a traerle sin cuidado lo que digan los demás, cuando hemos aprendido de la vida y queremos disfrutarla. Nos permitimos cosas nuevas porque conocemos su valor, hemos leído más libros, sabemos que el tiempo pasa. Hay que aprovechar al máximo esta década, ya que, según el mismo estudio, esta confianza en uno mismo empezará a disminuir al llegar a los 70, y más aún en las dos década siguientes...

El siguiente gráfico muestra asimismo un fenómeno sorprendente: mientras que, en las mujeres, la confianza en sí mismas aumenta con el tiempo, se observa el fenómeno inverso en los hombres.

La confianza según el género y la edad[18]

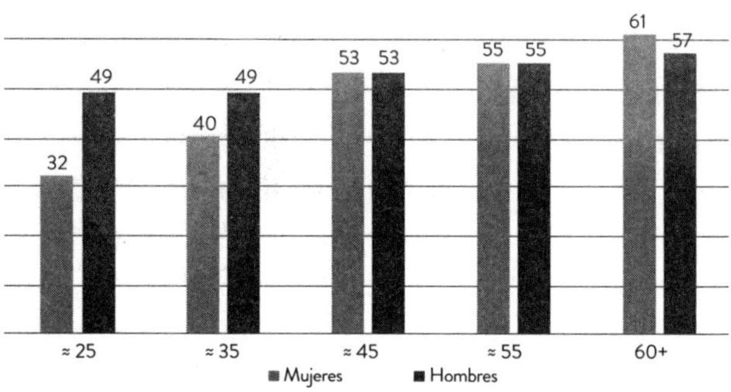

Para resumir, cumplir años puede ser liberador. Por ello, no esperes la sabiduría que da el tiempo; sé consciente de tu valía y ¡mantente erguida! Un estudio realizado en 2009 por la Universidad de Ohio muestra precisamente que algo tan simple como una postura correcta tendría un claro impacto en tus pensamientos y tu confianza. Mantente erguida y recuerda algunos consejos...

Recordar: Ocho consejos prácticos de cara a las fluctuaciones de confianza

1. Embarcarse en pequeños desafíos, como hacer deporte. Es un comienzo, que permite obtener satisfacción y crear una imagen más positiva de uno mismo.
2. Evaluar las capacidades y aptitudes para volver a posicionarse y restaurar una sensación de seguridad interior.
3. En caso de divorcio, ver *El club de las primeras esposas*, de Hugh Wilson; un clásico.
4. Rodearse de amigos, de personas condescendientes que nos conozcan.
5. Escuchar una y otra vez *Palladium*, de Brigitte.
6. Leer *Opción B: afrontar la adversidad, desarrollar la resiliencia y alcanzar la felicidad*, de Sheryl Sandberg.
7. Leer *Une joie féroce*, de Sorj Chalandon (Grasset, 2019).
8. Meterse de lleno en la psicología positiva haciendo la prueba del «Inventario de fortalezas de carácter»,[19] de los psicólogos Martin Seligman y Christopher Peterson: identificar esas fortalezas para cultivarlas mejor te permitirá volver a levantarte con más facilidad.
9. Colocar en una pared citas inspiradoras: «¡Perder una batalla, pero no la guerra!», «¡Lo mejor está por llegar!».

5

LA MIRADA DE LOS DEMÁS, LA MIRADA SOBRE UNO MISMO

> No hay necesidad de apresurarse.
> No hay necesidad de brillar.
> No es necesario ser nadie más
> que uno mismo.
> VIRGINIA WOOLF

En algunas culturas, la mirada del otro puede ser mortal. Es el caso de Japón, donde las cuestiones de honor son inherentes a la vida social. Así, cada año, cien mil personas desaparecen, se volatilizan, para no tener que hacer frente a una humillación, a una deshonra infamante (un divorcio, un fracaso). En su libro *Les Évaporés*,[1] Léna Mauger y Stéphane Remael se ocupan de este fenómeno que hiela la sangre. «Los allegados ven en la huida social un error en la trayectoria. Para nosotros, el fracaso es inaceptable. Significa que la persona ha incumplido su misión, su papel en la sociedad.»

La concepción de la vergüenza y la deshonra no es tan radical en nuestras sociedades occidentales; puede, no obstante, adoptar una forma traumática que nos debilita, nos hace permeables a la mirada del otro, esa mirada pesada que nos juzga y nos condena.

LA VERGÜENZA

Nuestro reflejo en la mirada del otro puede hacernos crecer o disminuir. Basta una mirada. El peso del juicio de los demás es como una amenaza velada imperceptible. La situación de Caroline lo ilustra perfectamente.

Hace cinco años, Caroline, 33 años, perdió su trabajo como jefa de equipo en una gran empresa de cosméticos. Plan social, importantes ventajas...; sabía muy bien que iba a encontrar trabajo sin problemas.

«En el fondo, lo sabía; tenía las titulaciones, la experiencia y la red de contactos, pero no podía sacarme de encima una sensación de fracaso, un sentimiento de vergüenza, de juicio. Como si fracasar públicamente fuera más aterrador que el propio fracaso, que, por cierto, no fue tal. Pero me definía mi trabajo y eso acabó por convertirse en un lastre en mi relación.

»Vivía con Baptiste desde hacía tres años. Era director de un prestigioso teatro y, a menudo, tener una pareja en paro no era para nada glamuroso.

»Fuimos a cenar a casa de unos amigos íntimos y pude notar que se sentía incómodo; quiso cambiar de tema cuando hablé de mi situación y eso fue una revelación. Después de esa cena, discutimos mucho y comprendí que él amaba más una imagen de mí que a mí misma.

»Hice las maletas al día siguiente. Me instalé en un hotel durante una semana, que me la pasé llorando. Esta situación mermó un poco mi confianza en mí misma, pero de manera pasajera. Después realquilé el apartamento del amigo de un amigo. No respondí a ninguno de los miles de mensajes de Baptiste; estaba demasiado triste y enfadada.

»Pasados tres meses, encontré un trabajo más gratificante y mejor pagado en otro grupo, y otros seis meses más tarde conocí al amor de mi vida. Volví a ver a Baptiste en una velada parisina cuando estaba embarazada. Estaba solo; yo, con mi novio. Pensé en mi época en paro y me alegré de veras del cambio que eso había aportado a mi vida, pese a que, en aquel momento, solo fui capaz de sentir vergüenza y tristeza.»

Lo que hizo sufrir a Caroline no es tanto el hecho en sí, su despido, sino más bien las conjeturas y las expectativas que imaginó sobre el modo en que la percibirían los demás. Los famosos otros, cuya mirada nunca es insignificante.

Hablando de la filosofía sartriana sobre este tema, la profesora Emmy van Deurzen lo explica así:

> Me arriesgo a verme como un ser-objeto ante otro que es un ser-objeto; y si soy un objeto, estoy a merced del otro como sujeto que me puede definir y limitar, y en esas circunstancias no tengo libertad. He perdido mi libertad. De esta forma, rivalizamos con los demás se-

res que nos pueden delimitar al considerarlos como objetos.[2]

El sentimiento de vergüenza, cuando es profundo, suele estar relacionado con la idea de no querer decepcionar (a los demás) y lleva a limitar las creencias sobre uno mismo:

- miedo a no ser apreciado por lo que se es;
- miedo a sentirse humillado;
- miedo a ser rechazado.

La idea de que podríamos fracasar y hacer el ridículo puede llegar a dar lugar a un comportamiento paralizador. Atreverse a salir de la zona de confort y aventurarse parece insuperable. En Caroline, ese sentimiento de vergüenza va ligado a un caso particular y a una persona en concreto; hace que su confianza se tambalee, pero no acaba con ella. Ella confía lo suficiente en sus capacidades para no hundirse por completo.

No sentirse amada, ser rechazada devuelve una imagen sesgada y negativa de sí misma, pero Caroline posee una fuerza que le ha permitido salir adelante: ya no tenía que definirse totalmente a través de Baptiste; necesitaba ser lo bastante «narcisista».

LIMITADA A DETERMINADOS ROLES

En la película *The Holiday*, de Nancy Meyers, Amanda y Graham,[3] personajes interpretados por Cameron

Diaz y Jude Law, se conocen y hablan de sus profesiones respectivas. Amanda empieza a decir que trabaja en una empresa que produce tráileres para el cine. Luego, cuando Graham habla de su profesión de editor y de su madre, una editora famosa, Amanda confiesa que la empresa es suya. Se atreve a decirlo porque entiende que Graham no teme a las mujeres fuertes, ambiciosas... La mirada del otro es un potente inhibidor que empaña toda espontaneidad. Sin trabajo, sin vida social, entonces guarda silencio. Trabajo prestigioso, vida social impresionante, entonces guarda silencio. ¿Dónde encontrar su lugar en este juego de miradas? La mujer está condenada a demostrar que está donde le corresponde.

Una vez que las mujeres se apropian de los instrumentos considerados masculinos, se las escruta, incluso se las declara culpables de subversión. Pongamos el ejemplo de hablar en público. Cuando los hombres quieren conquistar al público, está de moda ser gracioso. Pero cuando una mujer se aventura en este terreno, ¡pierde su credibilidad! Es lo que constata la periodista Pilita Clark,[4] basándose en un estudio muy importante realizado por investigadores de la Universidad de Arizona, entre ellos Jonathan Evans:

> El humor femenino parece percibirse como más incómodo, y el humor masculino, como más útil. ¿Quiénes somos nosotros para correr el riesgo? Probablemente, no gran cosa. Existe al menos otro estudio que ha hallado que algunos dirigentes daban muestras de humor para describirse como líderes competentes; pero fue en Nueva Zelanda hace más de diez años.

El humor en público estaría reservado, por tanto, a los hombres. Como la brusquedad o la trifulca. Es lo que nos confirma Laurence Gutenmacher,[5] psicóloga clínica especialista en la infancia y la adolescencia:

> A diario, durante el patio de recreo del parvulario, solo hay niños activos y vivaces. La diferencia está en las expectativas. Se espera que las niñas sean dulces, sensatas, mujercitas perfectas, en definitiva, y más tolerantes con los niños. Las niñas pueden tener la capacidad de ajustarse a estas expectativas. Haría falta más tolerancia. Deberíamos poder aceptar que una niña sea a veces brusca y decir que está alborotada, y no que está histérica. Desde luego, las hay histéricas, pero en el marco de una patología, no en una trifulca de recreo. Esto se desarrolla, pues, desde la infancia, en la educación.

Doble discriminación

Aïssa Maïga es una famosa actriz francesa que intervino en *Las muñecas*, de Cédric Klapisch, *L'un reste, l'autre part*, de Claude Berri, *La espuma de los días*, de Michel Gondry, o *Hasta tiene tus ojos*, de Lucien Jean-Baptiste. Aunque Francia es un país mestizo, no se puede decir que la diversidad esté tan representada en el cine o en la televisión, no digamos ya en el teatro. En mayo de 2018, Aïssa escribió un ensayo con su testimonio y el de otras quince actrices.[6] Se pueden leer los comentarios racistas, las diferencias de trato y de sueldo, los estereotipos, las heridas. ¿Cómo se puede tener confianza en una misma cuando se sufre discriminación por partida doble debido al género y también al color de la piel?

Extractos:

Mujer y diferente. Estigmatizada o rechazada. Estereotipada o ignorada. Esta atribución en la encrucijada del racismo y del sexismo va acompañada de una invisibilidad casi absoluta. Tenemos pocas oportunidades interesantes para papeles destacados. Y cuando conseguimos uno y pensamos que hemos escapado de nuestra condición de actrices relegadas a un segundo plano, nos damos cuenta de que se han alzado otros muros simbólicos. Nuestra presencia en las películas francesas todavía se debe, con demasiada frecuencia, a la necesidad imprescindible o anecdótica de tener un personaje negro. Negra no es mi profesión. Como tampoco lo es de ninguna de las signatarias de este libro.[7]

Tenía 21 años. Me fui del apartamento familiar; empecé mi vida como mujer, mi vida como artista; sentía que todo era posible, que, como lo había practicado en el conservatorio, de donde salí con un segundo premio de interpretación, podría interpretar a «Juliette» o «Camille». Me sentía heroína de mi vida, fuerte y libre. Por desgracia, a lo largo de estos veinticinco años, logré entender que era negra antes de ser quien soy.[8]

LA TIRANÍA DEL ASPECTO FÍSICO

«El aspecto físico es el primer componente de la autoestima —dice Christophe André—. Se considera que la insatisfacción con respecto al cuerpo está implicada en muchos daños psicológicos.»[9] Esto es especialmente cierto en las mujeres. El cuerpo reflejado en el espejo se convierte en una visión con la que las mujeres están obligadas a vivir, la regla de oro de su autoestima. Cabe recordar a la madrastra de Blancanieves preguntándole al espejo: «Espejito, espejito de la pared, la más hermosa de todo el reino, ¿quién es?». Y el espejo le responde: «Mi reina y señora, en el reino vos sois la más hermosa».

Desde el nacimiento hasta la muerte, iniciamos una relación desgarradora, volátil y pasional con nuestro cuerpo, nuestra corporalidad, nuestra silueta, nuestro aspecto y los numerosos cambios que reflejan la faceta existencial de nuestro yo, en constante evolución. La suma total de lo que constituye nuestro aspecto (la ropa, el maquillaje, el estilo, etc.) es el primer punto de contacto con el otro; de ahí el impacto de la primera impresión. ¿Cómo nos aseguramos de que las impresiones que dejamos corresponden a lo que hemos querido mostrar y comunicar sobre nosotros mismos? Nuestro yo ideal, moldeado por los mensajes familiares, culturales, por las vivencias y los modelos que elegimos, da forma a lo que queremos promover y destacar acerca de nosotros mismos. En un sentido, esto pone de relieve los valores que son importantes para nosotros.

Este aspecto también puede servir para engañar a nuestro entorno. Mostramos algo hecho que proporciona un sentido de pertenencia a la norma, aunque difiera de lo que en realidad es. ¿Cuántas mujeres experimentan una sensación de control en cuanto todo está calculado, en su sitio? De lo contrario, temerían que se las juzgase mal. Permitirse ser una misma exige una firme autoestima.

Clélia, 37 años, profesora de inglés en un instituto provincial, es famosa por ser un personaje llamativo, literalmente.

«He pasado una depresión que me ha destrozado. Lo único que me hacía seguir adelante era ir a dar clase. Como no quería que se me notara mi angustia interior, empecé a vestirme con colores chillones. Un pantalón naranja con una blusa fucsia y un pintalabios a juego. Compré unas gafas verde manzana. Sé que los alumnos me llamaban "el loro" cuando me daba la vuelta. No me molestaba; mi actuación funcionaba. Cualquier cosa es mejor que "la depresiva". Al final, hice una terapia que me ha curado. Hoy me permito por fin vestir de negro; sé que ya no refleja mi alma. Pero he conservado mis gafas.»

La delgadez

La delgadez es, sin duda, la imposición más poderosa que se exige al cuerpo de las mujeres. Desde el mes de marzo, las revistas femeninas enarbolan el mismo editorial: «¡Tres kilos menos antes de ponerte el bañador!», acompañado de la foto de una náyade de medidas perfectas y de un mensaje subliminal para que te sientas culpable:

sin un cuerpo perfecto, ¡prohibido el baño! Como si las mujeres necesitaran estar delgadas para poder mostrar su cuerpo (¡y como si perder tres kilos bastara!).

Y ¿qué decir de las *youtubers* y otras blogueras que exhortan a las mujeres a preparar su «*summer body*», «*hot body*» y «*bikini body*»? ¿Escribirlo en inglés hace que sea más fácil? La mayoría de estas recomendaciones proceden de las mujeres; cabe preguntarse cuál es la parte de altruismo y la parte de crueldad. La parte de sinceridad y la parte de *marketing*. La parte de fantasía y la parte de cinismo.

Esta letanía de «estar delgada para estar guapa / para que te quieran» solo puede provocar un terrible dolor de cabeza a las mujeres. Y las consecuencias psicológicas no son menos importantes. Según la analista junguiana estadounidense Polly Young-Eisendrath:

> La creencia según la cual se ha de estar delgada para tener éxito da lugar a no sentirse segura de sí misma y de sus capacidades. El control obsesivo del cuerpo de la mujer no conduce a un mayor poder, sino a un sentimiento de vergüenza, de malestar, de confusión, de enfermedad e incluso de muerte cuando se tiene un trastorno alimentario. Mientras esperamos que nos tranquilicen acerca de nuestro valor y nuestra conveniencia, nos sometemos a los consejos humillantes de expertos, que nos dicen qué y cuándo comer, cómo hacer deporte, como si fuéramos niños.[10]

Joven y bella

De forma más global y cultural, la preocupación obsesiva de nuestra sociedad frente a la juventud, la belleza y la eficacia refleja un conjunto de valores dominantes sumamente arraigados en el tejido social que contribuyen a un efecto espejo distorsionado. Se bombardea el cuerpo con órdenes externas que dictan a las mujeres un estándar de perfección y les dicen cómo deberían ser. Estas órdenes dominantes aprisionan a las mujeres en una forma de culpabilidad.

Susie Orbach es *la* especialista de la relación de las mujeres con su cuerpo. Psicoanalista y psicoterapeuta inglesa, trabaja desde hace cuarenta años en la cuestión de la imagen del cuerpo y de los trastornos alimentarios; entre sus pacientes se encuentra incluso la princesa Diana. Basándose en su experiencia clínica, afirma que con estas exigencias permanentes el problema ha empeorado.

> Creo que lo novedoso es que incluso las personas que confiaban en sí mismas han visto que esta confianza se deconstruía a causa del cuerpo. Como psicoanalista, Freud tenía la costumbre de decir que poníamos nuestros problemas en el cuerpo, pero, en la actualidad, creo que crecemos con cuerpos tan inestables que estamos poniendo en apuros a nuestra salud psicológica.

Cómo el marketing *se alimenta de la falta de confianza de las mujeres y la refuerza*

¿Por qué el cuerpo de las mujeres es el objetivo ideal? Susie Orbach dice:

> En nuestra convicción de que el cuerpo se puede cambiar indefinidamente, nos hemos convertido en la presa de industrias y prácticas que recurren con frecuencia a nuestra falta de confianza en nosotras mismas. Es tan rentable: los fabricantes de cosméticos son industrias extraordinariamente poderosas que lo han comprendido muy bien. Para enriquecerse, uno pensaría más bien en el acero, en la química. Uno no piensa que los pintalabios puedan hacerte rico, pero es lo que ocurre.

El *marketing* analiza nuestras debilidades y se mete dentro de nosotros proponiéndonos la panacea. Photoshop y Facetune hacen el resto. Y en cuanto tengamos una sensación de perfección, se nos escapa, ya que el estándar cambia según criterios nuevos y nos arrastra a un nuevo ideal. La ansiedad, esa misma, persiste: nos imaginamos que nuestro cuerpo no es aceptable tal cual es.

Para Jean-Christophe Seznec, psiquiatra: «El *marketing* nos deja creer que, controlando nuestra imagen o nuestro peso, nos querremos más, porque esto alimenta básicamente nuestra dependencia del consumo».[11] Y continúa:

> Nuestro cuerpo puede convertirse en un campo de batalla contra nuestras emociones y angustias existenciales.

Utilizamos erróneamente la comida, la bebida o el tabaco para calmarnos, llenarnos y consolarnos. A veces nos tiramos de los pelos hasta quedarnos calvos (tricotilomanía), nos mordemos las uñas, nos hurgamos la piel hasta hacernos cicatrices (dermatilomanía)... Llegamos a creer que transformando nuestra imagen mediante la cirugía estética, las dietas, el deporte o los tatuajes seremos más felices. Pero, al final, todas estas conductas de lucha nos atrapan y perjudican nuestra zona vital.

La dictadura de la perfección física

A base de remitirse constantemente a su físico, las mujeres acaban por definirse a través de su cuerpo. Eso da lugar a ecuaciones simplistas y deprimentes: «Estoy gorda, luego no soy agradable», «Tengo poco pecho, luego no soy lo bastante femenina», etc. A partir de ahí, hacer dieta o aumentar el tamaño del busto proporciona una sensación de control y alimenta la idea de que puede ser fácil, que todo puede cambiar: bastaría con...

Es, en efecto, una idea muy atractiva, pero que puede ocultar una realidad existencial caótica e incierta al desviar la ansiedad por el cuerpo. Ante las exigencias estéticas impuestas por la sociedad, dictadas por la moda o el cine, las mujeres se suelen sentir marginadas, lo que reduce su confianza y las deja insatisfechas. No se aceptan tal como son o no aceptan algunas partes de sí mismas (la nariz, la boca, el pecho, los muslos, etc.). En ocasiones, una pequeña inyección de bótox o un ligero toque de bisturí son suficientes para restablecer la confianza. Pero no hay que subestimar esta dictadura de la perfección.

En 2008, un estudio realizado por investigadores noruegos[12] estableció que, si bien las personas que recurren a la cirugía estética tienen una imagen mejor de su cuerpo, quienes tuvieran, antes de la operación, problemas psicológicos siempre sufrirán.

> Entre estos problemas psicológicos están la ansiedad y la depresión ligadas al aspecto, según un estudio realizado en 2018 sobre la relación entre la dismorfofobia y los procedimientos estéticos, publicado en el *International Journal of Women's Dermatology*.[13]

¿Qué es la dismorfofobia?

Según el Larousse, la dismorfofobia describe la «preocupación exagerada manifestada por alguien en relación con el aspecto antiestético de todo su cuerpo o de una parte, tenga este temor una base objetiva o no».

En psicología, esta preocupación se considera como un defecto imaginario o totalmente desproporcionado. El sujeto se ve como «deformado» y esto le provoca sufrimiento.

La cirugía estética no puede solucionar todos los problemas existenciales, parece obvio. ¡Y aun así! Se manipula tantas veces a las mujeres con la idea de belleza según la norma que se olvidan de los demás valores ligados al cuerpo, sobre todo los valores relacionados con la salud. Al aceptar no centrarse en exceso en su aspecto, podrían contemplar otras maneras de volverse a conectar con su cuerpo gracias, por ejemplo, al deporte.

> Deberíamos reconsiderar el cuerpo de tal manera que pudiéramos disfrutarlo. Nuestra lucha consiste en corporeizar de nuevo nuestro cuerpo de modo que se convierta en un lugar donde vivir, más que en una aspiración ideal permanente. [...] Necesitamos cuerpos lo suficientemente estables como para aprovechar los momentos de felicidad y aventura.[14]

En su novela *Sobre la belleza*,[15] Zadie Smith describe con bastante exactitud la dictadura de la belleza.

> He aquí por qué Kiki temía tanto tener una hija: sabía que no podría ahorrarle su autodesprecio. Desde este punto de vista, había intentado al principio prohibir la televisión, y nunca ni el más mínimo pintalabios ni una sola revista femenina había traspasado, que ella supiera, el umbral de la casa de los Belsey; pero todas estas medidas de precaución —y otras— fueron en vano. Esta aversión que sienten las mujeres por su cuerpo flotaba en el ambiente, o al menos eso es lo que pensaba Kiki. Se colaba en la casa con las corrientes de aire, o en las suelas de los zapatos; emanaba de los periódicos. Era imposible controlarla.

Mujeres y redes sociales

Los cuerpos perfectos difundidos por los carteles de papel o de píxeles que dominan nuestro campo visual dictan las medidas de las mujeres y causan estragos. El cuerpo femenino se reduce a cánones estéticos que cambian en función de los iconos del momento con, no obstante, algunas constantes: pechos grandes, cinturas de avispa y piernas largas.

Nuestras pantallas están saturadas de siluetas perfectas. Está el cuerpo, el nuestro, en la vida real y el que se crea para las redes sociales. ¿Cómo pueden sobrevivir las mujeres en la jungla de Instagram, haciéndose fotos constantemente, encerrándose en una imagen falsa, tratando de identificarse con nuevas *influencers* que se muestran peinadas, maquilladas, musculosas...; ¡ideales!? ¿Cómo pueden las chicas tener la perspectiva necesaria para crear una firme confianza en sí mismas cuando no pueden parecerse a esos modelos?

Esto es lo que cuenta Capucine, 15 años:

> «Me atreví a publicar una foto mía en bañador. Tuve que intentarlo unas treinta veces antes de encontrar una aceptable. Dos de mis amigas hicieron clic en me gusta, pero recibí comentarios despreciables, insultos de personas que ni siquiera conocía y que decían que me volviera a vestir. Lloré mucho y después dejé Instagram. Estoy tratando de aceptarme como soy.»

Ella no es, por desgracia, la única víctima de los ataques contra el físico. Una primera dama lo sabe por experiencia propia, y no se trataba de adolescentes retrasados, sino de políticos. La violencia de nuestra época zarandea nuestra confianza.

> En internet, los provocadores se centran en el físico de las mujeres cuyas ideas no les gustan o publican fotos poco favorecedoras «como revancha» en caso de ruptura. Atacar a las mujeres por su físico se ha convertido en algo legítimo.[16]

La resistencia se organiza

Existen muy pocas representaciones del cuerpo femenino y de siluetas femeninas en su diversidad. Por suerte, desde hace algunos años surge una tendencia que intenta cambiar las cosas. Ya hay leyes que regulan el mundo de la moda y que van tras las modelos anoréxicas. Las grandes marcas incluyen más modelos con formas, para que todas las mujeres se puedan sentir identificadas. Las mujeres públicas rechazan someterse a las exigencias de delgadez y belleza, y resisten. Es el caso de las nuevas guerreras de Instagram, que muestran su cuerpo y lo reivindican. La actriz australiana Celeste Barber se divierte imitando a las estrellas en su cuenta de Instagram y ya tiene más de seis millones de seguidores. Cuando la naturalidad irrumpió en el muy formateado paisaje de las redes sociales, las mujeres finalmente salen de dudas.

La serie estadounidense *This Is Us*,* creada por Dan Fogelman y emitida en Francia desde 2018 por Canal Plus y 6ter, no podría tener un nombre mejor. Nos sumerge en la vida de una familia en distintos periodos. Para interpretar el papel de la hija obesa, nada de hacer trampas: la actriz es de verdad obesa, y nosotros compartimos sus problemas, su relación conflictiva con su cuerpo, aunque también sus sueños, sus esperanzas, sus amores.

Desde 2013 hasta 2018, en el sitio web estadounidense Refinery29.com, la periodista y escritora Kelsey Miller ha escrito muchos artículos sobre el hecho de liberarse de los complejos, sobre la tiranía del cuerpo perfecto, sobre el activismo que representa la aceptación del propio cuerpo, todo bajo el divertido nombre de «Anti-Diet Project», es decir, el proyecto antidieta.

> Cada una de nosotras, de cualquier talla, sufre un bombardeo diario de mensajes que dicen que la delgadez es un objetivo hacia el que todas debemos tender. Y, ¡sorpresa!, no hay línea de meta, porque efectivamente nunca podrás estar lo suficientemente delgada.

Entonces decide dejar la dieta, escribe sus artículos y constata:

> Estas son algunas de las cosas que me han pasado cuando he dejado de hacer dieta: mi carrera ha despegado. He publicado mi primer libro. [...] Me di cuenta de lo mucho

* Así somos. *(N. de la t.)*

> que podía hacer para aceptar el amor y el afecto de los demás. [...] El tipo con quien salía se convirtió en mi novio, luego en mi marido...[17]

Habría que ser como ese personaje de Éric-Emmanuel Schmitt.

> No sé ser la mujer que exige nuestra época. Me cuesta interesarme en nuestro sexo, los hombres, los hijos, las joyas, la moda, el hogar, la cocina y... en mí misma. Porque la femineidad prescribe un culto a sí misma, al rostro, a la figura, al pelo, al aspecto.[18]

TRANSFORMADA EN OBJETO

El concepto de cosificación lo introdujo el filósofo Immanuel Kant para mostrar lo que es un vector de deshumanización: «En cuanto una persona se convierte en un objeto de deseo para los demás, todos los vínculos morales se disuelven y la persona así considerada no es más que una cosa que se usa y se aprovecha».[19] Dos activistas feministas estadounidenses, Catharine MacKinnon y Andrea Dworkin, conocidas por sus trabajos sobre el acoso sexual, la violación y la pornografía, denuncian en 1997 la cosificación de las mujeres por parte de los hombres,[20] y, según ellas, la pornografía es en parte responsable de esta cosificación.

Pero son las investigadoras estadounidenses Barbara Fredrickson, profesora emérita de Psicología en Kenan, y Tomi-Ann Roberts, psicóloga y profesora de Psicología en la Universidad de Colorado, quienes, el mismo año, desarrollan la teoría de la cosificación de las mujeres y demuestran sus efectos en su salud mental. Al convertirse en un objeto sexual, se degrada a la mujer y pierde confianza en sí misma.[21]

> Esta teoría postula que muchas mujeres son tratadas como objetos sexuales y que esto lleva a la aparición de enfermedades mentales, que se dan mayoritariamente en las mujeres (depresión, trastornos alimentarios, etc.). Este proceso toma dos direcciones. La primera es directa: las experiencias de cosificación sexual (el hecho de ser tratadas por los demás como un objeto sexual) causan directamente trastornos mentales. La segunda dirección es indirecta y pasa por que las mujeres interioricen la consideración que los demás tienen sobre sí mismas. Es lo que se llama la autocosificación.[22]

El gráfico que figura en la página siguiente ilustra el proceso. Vemos que el *flow*[23] o «flujo» designa, en psicología, un estado mental en el que la persona está completamente concentrada y comprometida con lo que hace, ya sea un trabajo, música, deporte o cualquier otra tarea. Esta inmersión en la actividad va acompañada de emociones muy positivas como la alegría, la motivación y la realización.

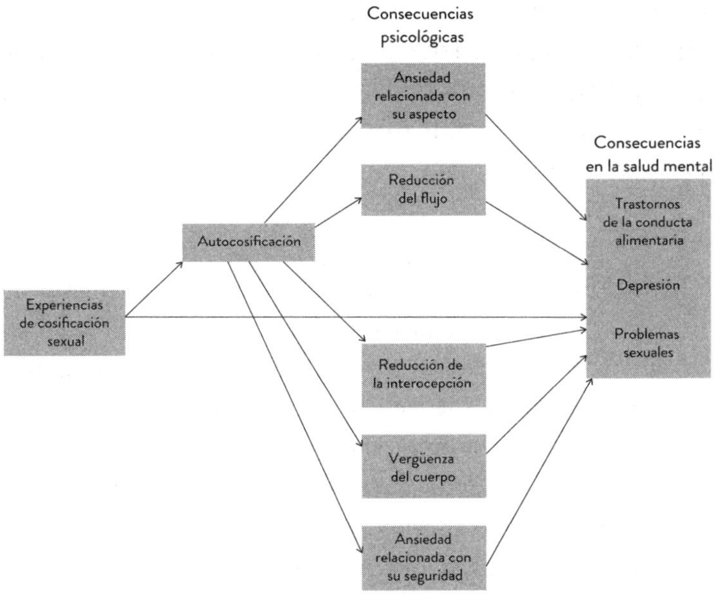

Cuando las mujeres se convierten en objetos sexuales[24]

MIEDO A QUE NO TE TOMEN EN SERIO

A fuerza de limitar a las mujeres a su biología (cuando únicamente las define la maternidad) o a su cuerpo (para ajustarse a los cánones de belleza), se refuerza la escasa estima que uno tiene de sus capacidades intelectuales. Estos estereotipos también afectan a los científicos. Fusionando todas las disciplinas, un investigador de cada tres es una mujer. En el *Journal des sciences* en France Culture,[25] la periodista y productora Natacha Triou recibió a Isabelle Régner, profesora en el laboratorio de psicología cognitiva de la Universidad de Aix-Marsella y coautora, junto con Catherine Thinus-Blanc, Agnès Netter, Toni Schmader y Pascal Huguet, de un estudio titulado «Committees with implicit biases promote fewer women when they do not believe gender bias exists».[26]

> En la práctica, un tribunal de cada dos no reconoce las discriminaciones que pueden sufrir las mujeres en la ciencia. [...] Pero en nuestros resultados también hay soluciones: educar a los tribunales, explicarles cómo funcionan los estereotipos, que estos sesgos —que son automáticos— pueden influirnos sin que lo sepamos. Reconocerlo y comprender cómo funciona puede ayudarnos a hacer frente a esta influencia negativa.

La novelista Sally Rooney ha pagado el pato por esta visión sesgada. Aunque un crítico literario suizo se dedicó a ensalzar su extraordinario *Conversaciones entre amigos*[27] en el periódico *Tages-Anzeiger*, trata de explicar que el bombo que le han dado al libro se debe, sin duda, a las fotos de la autora «donde parece un gamo asustado de labios sensuales». Enseguida aparecen comentarios indignados en Twitter con la etiqueta #dichterdran, juego de palabras alemán con «escritor varón» y «es más bien así». Como respuesta, se han podido leer tuits ingeniosos como «Jean-Paul Sartre nunca consiguió escapar de la sombra intelectual de Simone de Beauvoir; ahí reside la tragedia de la existencia». Aun así. Lo único que consiguen comentarios de este tipo es afectar a la confianza en sí mismas de las mujeres en lo que respecta a sus aptitudes.

> Existen ejemplos de lo que podría llamarse la considerable brecha entre géneros. Las escritoras afrontan un repertorio, la mayoría de las veces inconsciente, de lo no dicho, de supuestos en cuanto a la valía de su trabajo, basados en la idea de que los hombres son serios y las mujeres, frívolas.[28]

Y ¿qué decir del test de Bechdel, llamado así en honor a Alison Bechdel, autora de cómics? Este test alude al problema de la desigualdad hombres-mujeres en el cine. En 1985, en *Dykes to Watch out for* (*Unos bollos de cuidado*),[29] Bechdel dibuja una página titulada «La regla», donde dos amigas están pensando en ir al cine. Una de ellas menciona la regla que aplica para elegir una película: que haya al menos dos mujeres conocidas, que conversen entre sí en la película y que hablen de algo más que de un hombre. Haz la prueba. ¡No es tan fácil! Además, cuatro cines suecos independientes han hecho una etiqueta para protestar contra el sexismo.

CUANDO LA MIRADA DEL OTRO SALVA

Nuestros actos y nuestros deseos a menudo dependen de la mirada del otro, y nuestro cuerpo no escapa a ella al poner de relieve el aspecto interrelacional de la vida y crear una sensación de angustia. Como no sabemos en realidad lo que el otro piensa de nosotros, necesitamos constantemente que nos tranquilicen. ¿Me quieres? ¿Valgo algo? La incertidumbre es insoportable. Por

suerte, no todas las miradas son críticas o maliciosas. Algunas pueden incluso salvarte.

Marianne tiene 23 años. Ha crecido con dos hermanas mayores. Sus padres son ambos empresarios, con carreras que los absorben mucho. Las dos hijas mayores tienen novio y han podido ir a las universidades elegidas gracias a sus buenas notas. No ocurre lo mismo con Marianne, que era incapaz de pensar en una profesión.

«Tenía la impresión de que todos los que me rodeaban habían logrado encontrar su camino. Mis hermanas no solo son más mayores que yo y más delgadas, sino que son brillantes: una fue a la Essec y la otra, a la Sciences Po. Me gradué con un notable; me sentí una negada y estaba desmoralizada. Durante mucho tiempo, nuestros padres nos han presionado para triunfar, aunque, al verme tan indecisa en lo que respecta a mi futuro, me dijeron que aprobarían mi elección para estudiar lo que quisiera. Siempre he sentido un especial interés por las cuestiones ambientales por un lado y la psicología por otro, pero era un poco impreciso para especializarse y no sabía en qué profesión pensar y cómo ganarme la vida. Cambié de opinión una y otra vez; no tenía ninguna confianza en mí misma. Y como colofón, tres de mis amigas que habían empezado su blog en el instituto tuvieron éxito gracias a las redes sociales... Aun cuando las envidio en secreto, sé que jamás podría haber destacado de este modo. Bueno, fui la única bachiller que eligió a falta de mejores opciones; ni siquiera era capaz de encontrar novio. Sin embargo, dos meses después de la selectividad, Émile, un compañero de colegio de mi hermana de 22 años, me telefoneó con prisas: era uno de los organizadores que iban a Gambia con alumnos de la Essec y de la Centrale, para dar clases a niños. Uno de sus alumnos se puso enfermo y no podía unirse al grupo. ¿Podía sustituirlo? Acepté sin pensarlo mucho; tuve el tiempo justo para vacunarme y preparar una bolsa, y me vi en un poblado muy lejos de mis puntos de referencia y de mi zona de confort.

»Émile había confiado en mí; yo le inspiré confianza mientras habíamos hablado un poco antes. Eso lo cambió todo. Tuve la impresión de que conocía mi propia valía mejor que yo. Es como si hubiese hecho desaparecer mis dudas. Me sentí segura de inmediato, y eso me ha dado alas y aplomo. Me he adaptado sin problema, y esta experiencia me ha permitido tener una visión más clara sobre mi futuro. He hecho un máster en gestión ambiental y acabo de empezar a trabajar en una ONG. Sin la mirada de Émile, seguiría dudando de mis capacidades y del futuro.»

¡Todas las mujeres tienen derecho a un aleluya!

Es básico, para que discurra el flujo de la vida creativa, que nos rodeemos de personas que exaltan nuestra creatividad; de lo contrario, nos quedamos tiesos. El coro de voces que nos dice dónde estamos, que se ocupa de animarnos y, en caso necesario, de consolarnos, nos alimenta. Es fundamental que al menos uno o dos amigos crean que nuestro don es *pan de cielo*.* Todas las mujeres tienen derecho a un aleluya.[30]

* En español en el original. *(N. de la t.)*

CAMBIAR LA MIRADA SOBRE UNO MISMO

No podemos controlar la mirada de los demás, pero podemos intentar cambiar la que tenemos sobre nosotros mismos. Tratar de ser más indulgentes, menos críticos, más audaces. A este respecto, la película *I Feel Pretty*, que se estrenó en 2018 y dio lugar a una serie de éxito, es toda una lección. Defiende la idea de que la confianza en uno mismo importa más que el físico. El personaje principal, mujer joven, voluptuosa y acomplejada, interpretado por Amy Schumer, trabaja en una revista femenina. Su confianza en sí misma está bajo mínimos y desea en secreto llegar a ser guapa. Víctima de un accidente, se despierta con la certeza de ser una mujer fatal. Su confianza en sí misma se traducirá en confianza en las personas que la rodean, y la opinión que tienen de ella cambiará.

Annabelle, 65 años, casada en segundas nupcias desde hace siete años, está convencida de que la confianza en uno mismo depende de la imagen que uno tiene de sí mismo.

«Enviudé a los 55 años y pensé que era vieja, fea y que estaba acabada. Una amiga me hizo reaccionar y me arrastró a un curso de yoga y a veladas culturales. Poco a poco, he recuperado las ganas de vivir. El verano siguiente, nos fuimos de vacaciones a un club. No conocía a nadie, aparte de mi amiga y su marido; estaba tan metida en mi burbuja, ajena a la mirada de los demás, que me apunté a todas las actividades, desde la natación hasta el surf. Yo, que siempre había tenido complejos, me veía demasiado mayor, con tres kilos de más, con canas..., me topé con el hombre más guapo de la ciudad y nunca volví a casa. Si hubiese sabido esto más joven, nunca habría arruinado mi vida como lo hice. Habría disfrutado de cada bocado del pastel, no me habría pesado todos los días, me habría visto guapa... Aceptarse como uno es constituye el mejor regalo que uno puede hacerse.»

Cada cual tiene sus métodos para captar la mirada de los demás y verse a sí mismo con indulgencia. En este sentido, la novelista, crítica de moda e *influencer* Sophie Fontanel es un modelo.[31] Ha aceptado darnos su visión de la confianza en sí mismas de las mujeres.

Desde la adolescencia, he temido no ser guapa. En todo caso, no tener el tipo de belleza que seduce a los hombres. Naturalmente, a veces he podido ver, sobre todo cuando era joven, que, como quien no quiere la cosa, yo gustaba. Digamos que no me lo podía creer. En cambio, confío bastante en mí misma en lo que se refiere a la escritura, la creatividad, el humor, la inteligencia. Cualidades que desde luego he desarrollado mucho, en lugar de ocuparme de esta fisura estética.

Enseguida comprendí que esta falta de confianza en mi belleza física escondía algo. Sin duda, eso me vino bien para encontrar una razón tan irrefutable como para contrariarme, en lugar de convertirme en una creída. Superé ese complejo reconociendo muy pronto la suerte que tenía, aun así, de ser como era. Me reí de mí misma. Claro está, ha pasado tiempo. Sé que las chicas más guapas del mundo dudan; por tanto, es normal que, muy lejos de ellas, yo también dude. La duda es al mismo tiempo un veneno y algo que nos vuelve humildes. Es interesante.

La confianza en mí misma se ha reafirmado porque no soy mala persona. Incluso cuando me enfado, siempre acabo perdonando y elijo amar y comprender. Y si primero aplico esto a los demás, también me lo aplico a mí misma. Soy menos dura conmigo misma que antes.

Aconsejaría a las mujeres que se digan que nadie gusta a todo el mundo. Encontrarás personas que te digan que Marilyn Monroe no es guapa. Encontrarás otras que te digan que una novela de Marcel Proust es ilegible. Todas las opiniones son relativas, como se dice. Así pues, es bueno elegir la opinión más indulgente, en particular sobre una misma. Por supuesto, esto no impide ser honesta con una misma. Pero honestidad no es sinónimo de severidad. Sé menos severa contigo misma.

También quisiera añadir que la confianza en uno mismo proviene asimismo del interés que tenemos en los demás. Estoy un poco asustada con esta moda de «conectarse con tu yo interior». Yo, todos los progresos que he hecho consisten en interesarme por los demás. Olvidándome que puedo, tranquila, volver a mí con una mirada más distraída, más cariñosa. Ni que decir tiene que respeto a quienes encuentran un equilibrio por medio del yoga, por ejemplo. Y cada uno hace lo que puede. Pero, en mi opinión, la confianza en una misma no pasa por controlar tu cuerpo. Es aceptar que algo fluctúa en el cuerpo. Tiene sus raíces en la indulgencia.

Recordar: Seis consejos para liberarse de la mirada de los demás...

1. Para verte a ti misma con más indulgencia, mira *¡Qué guapa soy!* en Netflix. Una película que te

hace sentir hermosa y cuya moraleja podría ser: «¡Quiérete y los demás te querrán!».

2. Lee *Mujeres que corren con los lobos*, de Clarissa Pinkola Estés.
3. Suscríbete a la cuenta de Instagram de Celeste Barber y, al igual que ella, regresa a la vida auténtica. Y ten en cuenta: el ridículo no mata. ¡Ni tampoco unos kilos de más!
4. Lee TODOS los libros de Sophie Fontanel.
5. La caridad empieza por uno mismo; esfuérzate en dejar de mirar de manera crítica a las demás mujeres (todas lo hemos hecho). *Nostra culpa*.
6. Aprende este mantra : «No se puede practicar la compasión con los demás si no nos tratamos a nosotros mismos con gentileza».[32]

6

DESAFIAR LA FALTA DE CONFIANZA Y CONVERTIRLA EN UN MOTOR

Ganas fuerza, valor
y confianza en cada experiencia
en la que realmente te detienes
a mirar al miedo a la cara. Tú puedes
decirte: «Pasé por este horror.
Puedo enfrentarme a lo que venga después».
ELEANOR ROOSEVELT

Reconocer la falta de confianza en uno mismo puede convertirse en una fortaleza. Esta lucidez nos permite prever nuestros miedos, aprovechar nuestros puntos fuertes y nuestra experiencia. Puede darnos el impulso necesario para que tengamos ganas de superarnos, afrontar los avatares y las injusticias de la vida, ya sea en el trabajo o en nuestra relación de pareja.

Un acontecimiento o un detonante pueden servir de motor. A veces, la opinión, incluso si es dura, de alguien a quien respetamos, un «no lo vas a conseguir», puede impulsarnos a hacer de nuestros logros un principio, un reto: «Voy a demostrarle que se equivoca y que voy a conseguirlo». Ya sea por orgullo, porque esas palabras denigrantes nos han dolido o porque tenemos que vengarnos, la motivación está ahí, como un motor que accionará las ganas de triunfar. Puede ocurrir que el juicio mortal provenga de nuestros allegados, de nuestros padres. En otras circunstancias, nuestros padres son irreprochables, afectuosos, nos alientan, pero la sociedad va en sentido contrario.

Además, conviene recordar que en nuestras sociedades individualistas, si bien es vital tener confianza en uno mismo, a las mujeres muy seguras de sí mismas se las juzga rápidamente como arrogantes. Las normas de géneros y los estereotipos siguen estando muy presentes: una mujer segura de sí misma es por fuerza autoritaria, mientras que, en el caso de un hombre, se dirá que da muestras de liderazgo. Se necesita tiempo para dejar atrás los patrones que limitan a la mujer a su papel de persona que cría, afectuosa y discreta.

Decidirse a luchar contra los estereotipos

Tener presente estos estereotipos constituye la primera etapa para combatir y recuperar una cierta confianza en uno mismo. Esta lucha puede tener lugar a nivel colectivo, para cambiar la consideración social.

Esto es lo que han hecho algunos centros escolares para poner en tela de juicio los estereotipos arraigados en nuestra cultura. Volveremos sobre esto en el capítulo 9.

En 2014, este es el objetivo que también se fijó la marca Always, que vende protectores íntimos y otros productos de higiene femenina, con su primera campaña #ComoUnaNiña. «Como una niña» era hasta entonces una expresión despectiva. «¡Lanzas el balón como una niña!» o «¡Corres como una niña!» equivale a decir: «No vales nada».

> La primera campaña «Como una niña» fue todo un éxito: el vídeo tuvo más de ochenta y cinco millones de visualizaciones en ciento cincuenta países y fue compartido por más de un millón y medio de personas en el mundo. La marca de Procter & Gamble ha precisado que la mayoría de las personas habían indicado que [...] su percepción de la expresión «como una niña» había cambiado después de ver el vídeo. Más del 60 % de las mujeres que conocían el anuncio estaban de acuerdo en que, si todo el mundo utilizara la expresión «como una niña» en sentido positivo y no como un insulto, las niñas tendrían más confianza en sí mismas.[1]

En los anuncios, se pide a los adultos que lancen el balón «como una niña». El resultado es afectado, forzado, ridículo. Se les hace la misma pregunta a unas niñas..., que se limitan a ser ellas mismas. En 2016, Always desea ir más lejos y lanza una nueva campaña que rinde homenaje a la futbolista Laure Boulleau, defensora del Paris-Saint-Germain.

> Desde hace tres años, la empresa aboga, mediante un anuncio en vídeo, por romper con los estereotipos en torno a la práctica del deporte, de la que se excluyen muchas niñas por falta de apoyo. [...] «¡Pero este no es un deporte para ti!» Esta frase, que las niñas que juegan a *rugby*, fútbol o practican boxeo ya han oído más de una vez en su vida, es el punto de partida de la nueva campaña. [...] Debido a que deben ajustarse a las normas que la sociedad tiende a imponerles —ser femeninas, dulces, discretas—, muchas chicas prefieren dejar de hacer deporte cuando llegan a la adolescencia. [...] Las niñas a las que les gusta el deporte carecen de ejemplos con los que identificarse. ¿A qué mujeres deportistas se las admira hoy en día por su talento, su valor y sus resultados? Por desgracia, a muy pocas. Las adolescentes se han dado cuenta de ello.[2]

EL DEPORTE «FORTALECE» LA CONFIANZA EN UNO MISMO

El deporte es también el lugar donde entran en juego los estereotipos y el desprestigio de lo femenino. Durante la pubertad, casi siete de cada diez niñas:

- creen que no están hechas para el deporte;
- consideran que la sociedad no representa o no valora a las mujeres por igual o de forma equitativa en el deporte;
- desean que actualmente hubiese más modelos femeninos en el deporte.

Según un estudio,[3] al final de la pubertad, el 41 % de las chicas habrá dejado de hacer deporte.

El deporte juega, por tanto, un papel fundamental en el desarrollo de la confianza en uno mismo. Los tres principales beneficios de hacer deporte son los siguientes:

- mantener una buena forma física;
- fomentar la confianza en uno mismo;
- desarrollar un espíritu de equipo.

Si bien Serena Williams fue una de las primeras en inspirar a las niñas desde lo alto de su olimpo, las Bleues* han hecho soñar desde entonces a toda una generación de niñas que han empezado a practicar algunos deportes que estaban reservados a los hombres. Y que hacer las cosas #ComoUnaNiña podía ser una cualidad.

El deporte es el primer vínculo social para poner a prueba la competitividad —una forma definida de enfrentamiento— y el espíritu de equipo, interacciones todas ellas que permitirán más adelante, en el terreno de la vida, dotarse de los medios para alcanzar sus ambiciones teniendo una mirada menos crítica hacia sí misma: para las niñas, convertirse en atacantes más que en defensoras, salir de su zona de confort, constatar con el entrenamiento el fruto de sus esfuerzos, probar un deporte distinto, a menudo etiquetado como más «masculino», como el fútbol o el boxeo...

* Selección femenina de fútbol de Francia. *(N. de la t.)*

Ganar terreno es mostrar valentía. Gracias a distintas campañas de sensibilización contra los estereotipos, los cambios empiezan a notarse. El miedo a cometer errores, a no hacerlo bien, son el equivalente a una tarjeta amarilla en la cabeza de las chicas. Por eso, hacer deporte, sobre todo deporte de equipo, significa pensar en el futuro, arriesgarse a caerse y aprender a levantarse analizando los errores en su conjunto, contemplando las soluciones. Un programa ideal para reforzar la confianza en uno mismo.

Además, el deporte fomenta una relación más sana con el cuerpo y la imagen corporal. Actúa como un contrapeso frente a las exigencias de la sociedad, como las de las redes sociales. La marca Dove, muy presente en este terreno, ha puesto en marcha una iniciativa denominada «El proyecto para la autoestima de Dove», uno de cuyos aspectos abarca el deporte.

> El «Body Confidence Campaign» Progress Report[4] revela que las personas que hacen deporte tienen una imagen corporal más positiva en comparación con quienes no lo practican. Sentirse bien con su cuerpo significa sentirse a gusto haciendo deporte, que a su vez fomenta la salud física y la psicológica.[5]

ORGULLO Y PREJUICIO

Las heridas narcisistas dan lugar a grandes logros. Y, a veces, son las heridas más importantes las que ponen a prueba nuestra confianza. Los trances, al igual que el conflicto, son inevitables. La vida puede incluso mostrarse bastante prolífica con los obstáculos que pone en nuestro camino. Ya sea que nos topemos con el fracaso o la adversidad durante la infancia o más adelante, esto puede alimentar un poderoso deseo de venganza contra la vida por habernos maltratado. Distintas de un sentimiento de venganza, las ganas de demostrarse algo a uno mismo, de no dejarse pisotear, sino más bien seguir avanzando, brillan siempre que se habla de confianza en uno mismo.

Arielle es una joven de voz y rostro dulce que no se puede creer su éxito.

«Empecé las clases de teatro en la escuela primaria. A mis padres les sorprendió un poco esta decisión; siempre he sido bastante tímida, reservada. Cuando mi hermano mayor la liaba parda con sus amigos, yo leía. Devoraba libros: novelas, teatro, poesía...; las palabras me fascinaban y recitar versos de obras clásicas me llenaba. Supe muy pronto que estaba hecha para esto, para consumirme en un escenario, pero tenía tan poca confianza en mí misma que jamás se lo habría confesado a nadie. Era mi sueño imposible.

»Al llegar a cuarto, quise incorporarme al club de teatro que dirigía mi profesor de francés y latín y al que admiraba. Mi madre me acompañó a inscribirme. Había un montón de gente en el pequeño anfiteatro. Estaba a punto de hablar con mis amigas cuando oí que mi madre le decía al profesor que soñaba con ser actriz. El profesor soltó una risita y respondió de forma un poco despectiva: "Arielle es muy inteligente. Seguramente está hecha para estudiar literatura. De ahí a ser actriz, no nos hagamos ilusiones". Creí que me iba a caer redonda. Por suerte, en el guirigay, mis amigas no oyeron nada. Pero yo oí claramente que mi madre respondía: "No sea condescendiente, pero mi hija es muy inteligente; tiene razón. Y le sorprenderá". En ese momento, me entraron ganas de echarme en sus brazos. Nunca le había contado mi deseo secreto, pero era mi madre; lo sabía y, sobre todo, había salido en mi defensa.

»Esto me dio una fuerza increíble. Al profesor de teatro no le hizo ninguna gracia. Fue muy injusto conmigo después, pero me dio igual; me callé, aprendí e hice progresos. Después de la selectividad, fui a estudiar teatro y puesta en escena a Canadá. Marcharme también me ayudó a reinventarme, a ganar confianza en mí misma. De regreso a Francia, tuve la suerte de actuar en teatros prestigiosos. El año pasado, después de la representación de una obra de Goldoni, recibí la visita de mi antiguo profesor del club de teatro. Me felicitó calurosamente: "¡Siempre supe que lo conseguirías!". Se lo agradecí de forma sincera. Si estoy ahí es un poco gracias a él...»

«CUANDO TODO ESTÁ PERDIDO, AÚN QUEDA LA VALENTÍA»

Esta frase de Daniel Pennac destaca que siempre tenemos recursos que no sospechamos. La valentía es uno de ellos, y podemos sacar fuerzas, muchas más de las que imaginamos. Fuerzas para actuar.

Somos más fuertes de lo que creemos

«Actuar es protegerse», escribió Françoise Giroud. Betty Mahmoody lo ha convertido en su lema. En 1984, esta estadounidense se casa con un iraní asentado en Míchigan y tiene una niña. Su marido le propone ir a Irán a visitar a su familia. A pesar de tener un mal presentimiento, lo sigue a Teherán.

> Pienso que estoy a punto de cometer un error, que quisiera poder saltar del avión en este instante. Me encierro en el lavabo y me miro al espejo, para contemplar a una mujer en la última fase de pánico. Acabo de cumplir treinta y nueve años, y a esta edad una mujer debería tener las riendas de su vida. Me pregunto cómo he podido perder el control...[6]

El encantador marido se convierte en ayatolá, advierte a su mujer de que jamás se irá de Irán y empieza a pegarle y la secuestra. El infierno durará casi dos años. Betty Mahmoody se abandonó a esta relación; había elegido la seguridad, la pasividad, y perdió toda la confianza en sí misma. Pero cuando fue hecha prisionera por su marido y su familia política, cuando el horror de la vida diaria la derrota, encuentra en sí misma recursos insospechados para afrontar la situación. Con valor y determinación, se niega a tirar la toalla, por amor a su hija. Su vida cobra sentido: salvar a su hija y huir.

> Os quitarán el dinero, os conducirán a la frontera, os violarán, os matarán, o tal vez os venderán a las autoridades.

> Pero las advertencias ya no existen. Mi decisión es clara. El viernes puedo coger un avión hacia Estados Unidos y volver a casa, recuperar la comodidad, sin volver a ver jamás a mi hija. O tal vez mañana pueda coger de la mano a mi hija y empezar el viaje más peligroso que pueda imaginar. En realidad, no hay elección. Moriré en las montañas que separan Irán de Pakistán o llevaré a mi hija sana y salva a Estados Unidos.[7]

No sin mi hija es el relato de esta reclusión y de esa evasión. Betty Mahmoody ha necesitado mucho coraje. Actuando en modo contrario a lo que se esperaba de ella, ha podido recuperar la confianza en sí misma al hacer frente a sus miedos y superar lo que creía que eran sus límites. Se ha superado a sí misma, armada de una resistencia y perseverancia propias de un maratonista. Un aliento tras otro, un paso tras otro, ha conseguido superar las montañas mentales y físicas.

Sin miedo al cambio

La sensación de confianza está influida por el modo en que reaccionamos a las pruebas, en que respondemos al cambio, a la derrota. Lo importante es lo que haces con tus dudas, tus vulnerabilidades y tus miedos. A menudo, la vida que imaginamos, la forma de triunfar, los planes que hemos trazado cambian por completo, como así fue para Betty Mahmoody y para muchos de nosotros. Esto nos recuerda el aspecto no lineal de la existencia. Y si creemos a Nietzsche y a su «Lo que no me mata, me hace más fuerte», podemos analizar nuestra confianza actual en nosotros mismos en función de los trances pasados.

Como indica Clarissa Pinkola Estés en su libro *Mujeres que corren con los lobos*,[8] la vida auténtica, con todas sus dificultades, es mucho más interesante que la que pasa en los libros.

> Los cuentos de hadas se terminan al cabo de diez páginas. Nuestra vida no. Después de una época en la que todo se ha venido abajo, nos espera otra, y otra más. Tenemos siempre la posibilidad de enderezar el curso de nuestra vida, de hacer lo que se debe. No perdamos tiempo en llorar por un fracaso. El fracaso es un profesor mucho mejor que el éxito. Aprendamos las lecciones y sigamos adelante.

Siguiendo esta misma lógica de impulso y coraje ante la falta de confianza en uno mismo, esto es lo que nos cuenta Valérie Trierweiler, periodista política y novelista.

> Dudo mucho de mí misma y, por desgracia, en todos los ámbitos. Todo el mundo creyó, cuando me convertí en un personaje público, que yo estaba muy segura de mí misma, cuando es todo lo contrario. Después de treinta años de profesión, entrego mis artículos mientras me pregunto cómo serán recibidos, como si pasara un examen todas las veces. Cuando hago una entrevista, temo siempre no hacer la pregunta correcta.
>
> Cuando saqué mi máster, me sentí orgullosa de tener un título universitario después de estudiar cinco años, y cuando

empecé a trabajar como periodista política, me di cuenta de que la mayoría de las personas que frecuentaba habían estudiado Ciencias Políticas, que tenían más cultura general y seguridad que yo. Yo venía de un medio más popular; me sentía orgullosa, pero a la vez tenía la impresión de tener menos «base».

Me sentí aún más en una posición ilegítima cuando entré en el Elíseo junto a François Hollande. Era periodista política desde hacía veinte años, pero ese no era mi mundo.

Escribir *Gracias por este momento*[9] me ha permitido recuperar una cierta confianza en mí misma. Me atreví a contar mi verdad y ya no me dejo pisotear.

Las mujeres han de aprender a dudar menos de sí mismas. No he progresado en mi carrera en gran medida porque, al ser madre de tres hijos, dudaba de si hacía bien mi trabajo. Aunque, honestamente, trabajaba tanto como mis compañeros varones.

Definir nuestros valores

Los recursos también son los valores, nuestros valores; lo que importa en la vida es en lo que creemos. Todos vamos en busca del sentido. Intentamos organizar, controlar; es una tendencia útil para nuestra supervivencia desde tiempos inmemoriales. El sentido determina nuestros valores, que son las respuestas que formulamos a diversas cuestiones: «¿Por qué existo? ¿Con qué fin? ¿Cómo?». Los valores son nuestra brújula. ¿Es necesario aún reconocer y definir los que son importantes para nosotros: la libertad, la entrega a una causa, la creatividad artística o científica, hacer el bien? Es en estos valores donde encontraremos el coraje para actuar.

Vivir conforme a nuestros valores permite conectarnos con nuestros recursos más profundos. Gracias a que pensó en su hija, en su papel de madre y en su apego a la libertad, Betty Mahmoody pudo desplegar ese coraje sobrehumano. El contacto con nuestros valores es una forma de recuperar la confianza en uno mismo. Esta es una de las bases de la ACT (Acceptance and Commitment Therapy),[10] o terapia de aceptación y compromiso, en la que se enmarca la corriente de terapias conductuales y cognitivas.

> La ACT es una terapia que usa la conciencia plena, la aceptación de las emociones y el distanciamiento de los pensamientos problemáticos al servicio del compromiso, aquí y ahora, para adoptar comportamientos que permitan acercarse a los valores personales de la vida. Sus principales características son el distanciamiento de los pensamientos problemáticos, la aceptación de las emociones y sensaciones difíciles o dolorosas, y el compromiso con acciones que van en línea con los valores de vida elegidos libremente.[11]

UN CASO EJEMPLAR

Cuando la falta de confianza en uno mismo actúa como un motor es providencial. Nos reunimos para hablar sobre este tema con una persona cuya trayectoria es emblemática: Silvia.

Silvia Kahn se define como una «navaja suiza»; tiene varias ocupaciones, le encanta hacer un montón de cosas distintas y considera que cada una de sus actividades beneficia a la otra: consultora en programas de televisión (durante mucho tiempo, ha sido directora de magacines en M6 y TF1), actriz (en películas de Claude Lelouch y Stéphane Brizé), autora (*Mon ado est un gros naze mais je l'aime*), formadora en programas de televisión, en entrevistas y en intervenciones públicas, cuatro ámbitos relacionados entre sí.

Siempre fui una niña que «se sentía bien consigo misma»; en todo caso, me veía así, porque era chistosa, me sentía a gusto con los demás, no era tímida. Fui muy mala estudiante, pese a ser hija de unos padres muy inteligentes y muy cultos. Mi madre no es una mujer muy maternal, pero es absolutamente increíble: nacida en una familia burguesa de Neuilly en 1928, había estudiado mucho para la época, ya que se graduó en Ciencias Políticas, se licenció en Derecho y en Letras, pese a que perdió a su padre cuando tenía 6 años y vivió una guerra. Mi padre, él, provenía de un entorno más modesto, provincial. Carecía de estudios, pero creó la primera serie de televisión. Al final, llegó a ser tan culto como mi madre. Así que estaba atrapada entre dos progenitores que leían *Le Monde*, *Libération* y *Le Canard*, uno tras otro, y que escuchaban a Brahms y a Mozart.

En la adolescencia, admiraba bastante a Mike Brandt, cuyas canciones cantaba con el cepillo de dientes a modo de micrófono, estaba suscrita a la *Tennis Magazine* y mi habitación estaba empapelada con pósteres de Noah. Lo que me divertía: hacer tonterías. Creo que mi padre se había percatado de mi sensibilidad artística, pese a que nunca me lo dijo. Mi madre no podía evitar compararme con mis hermanas. Mi hermana mayor tiene dos años más que yo y estudió latín y griego. En cuanto a mi hermana pequeña, tocaba el violín de forma virtuosa. Así pues, mi madre me veía como una especie de fracasada. Lo sabía por su actitud, por su manera de hablarme, y, seamos sinceros, mi rendimiento escolar no la contradecía en absoluto.

La frase asesina

Un día —estaba en tercero de ESO—, mi madre me sugirió que hiciera mecanografía. Conocía mis límites, pero esta materia no me atraía para nada. Tenía más en mente la idea de ser guionista, realizadora, actriz o cámara.

—Mamá, no tengo ningunas ganas de ser taquimecanógrafa.

—Escúchame, tienes que elegir sí o sí esta materia. Porque ni siquiera estoy segura de que seas capaz de ser vendedora en Prisu.

Esa es la frase que termina con todo. Incluso si una no se lleva bien con su madre, incluso si piensa que se siente bien consigo misma, incluso si es genial hacer reír a las amigas, incluso si se tiene un padre que te quiere muchísimo, que vives cómodamente, esta frase es muy grave; es una frase asesina que puede truncar una vida. Muchas personas son víctimas de esta frase, pero no siempre son capaces de recordarla y llegar a transformarla.

Esta frase me destruyó, pero también me dio una especie de poder. En ese momento, perdí toda la confianza que tenía en mí y pensé durante mucho tiempo, y he de admitir que son ¡treinta y cinco años!: «¡Soy imbécil!». Claro está, fui mala estudiante y no me interesaba nada, salvo el tenis y Mike Brandt; el mundo intelectual de mi familia me daba miedo y ese lugar era, pues, el único que me convenía, el de la imbécil.

Debo precisar que no tengo nada contra las taquimecanógrafas ni las vendedoras (fui dependienta un tiempo), pero no era mi objetivo. En boca de mi madre, esas palabras eran un desprecio total; en realidad, yo no era nada. Algunas personas, al oír esta frase, pueden derrumbarse. Yo, retrospectivamente, pienso que esta frase desató unas ganas locas de demostrar a mi madre que estaba equivocada. Esta frase es la que hizo que me graduara, que haya estudiado Psicología, como me gustaba; así que mi madre tal vez me hizo un favor. Jamás le he dicho que esta frase me había destrozado, porque creo que ella no supo abordar la cuestión, que se preocupaba de verdad por mi futuro, y porque no puedes culpar a tus padres por cometer errores. La he perdonado.

Cuando tenía unos 40, observé que a mi alrededor había muchos adultos que carecían de confianza en sí mismos, que tenían miedo de equivocarse, y me di cuenta de que el miedo podía hacer estragos, que todo lo que yo misma hacía era muy doloroso, que la mirada de los demás era dura. No tenía confianza en mí misma en las cenas; cada vez que conocía a un «licenciado» me sentía tonta, tenía miedo de no estar a la altura cuando se abordaban determinados temas, de no poder hablar de según qué autor porque yo no había leído sus libros. Ocultaba muy bien esa falta de confianza y este sufrimiento; salía con evasivas, echaba balones fuera; tenía un miedo terrible que disimulaba en el momento, pero que me provocaba sudores fríos después. Era muy buena disimulando y luchaba; por eso conseguí lo que empecé: mis estudios e incluso mi vida profesional. Algunas cosas me ayudaron a avanzar. Un día, un psicólogo me dijo que mi hija no tenía ninguna confianza en sí misma y eso me resultó insoportable. Pensé que había hecho todo lo posible por infundirle esta confianza. «Empiece por confiar en usted misma», añadió el psicólogo. Eso me dio un empujón. Ahora que soy madre, ya no lucho solo por mí, sino también por mis hijos.

Cuando trabajaba como jefe de proyectos en M6 y empecé a aburrirme un poco, una de mis amigas, colega de M6, me preguntó que por qué no intentaba conseguir un trabajo como directora de magacines. Me burlé de ella.

—Claro, por supuesto; irrumpo en la oficina del número dos de M6 y le solicito el puesto. ¡Así de simple!

—Vale; sigue aburriéndote y no te quejes más.

Tres meses después, recordé sus palabras. Le pregunté a mi amiga si pensaba de verdad lo que dijo.

—Pues claro. Tiene mucho sentido; mira tu trayectoria: la psicología, los proyectos, las relaciones que mantienes con la gente, la idea del mundo que te rodea, la cercanía... Lo tienes todo para ser una directora de magacines perfecta.

Para alguien que carece de confianza en sí misma puede sorprender, pero eso es lo que hice, e incluso a mí me parece una locura. Entré en la oficina del director, me paré delante de él y, de manera asertiva, le dije algo parecido a esto: «No tienes director de magacines, pero esto se va a arreglar: la persona que buscas está delante de ti y ¡tú no sabes que es ella!». El tipo se quedó sorprendido y, seis meses después, me dio el trabajo. He lanzado marcas increíbles y permanentes como el magacín de decoración con Valérie Damidot, *Recherche Appartement ou Maison* con Stéphane Plaza, los programas de estilo con Christina Cordula o incluso *Masterchef* en TF1. No he inventado la vacuna contra el sida, así que no tengo nada de lo que enorgullecerme, pero estoy contenta conmigo misma. Sin embargo, cuando llovían las felicitaciones, me costaba aceptar los halagos; siempre atribuía mis logros a mi equipo, a los presentadores, a los demás.

Entre M6 y TF1, antes de cumplir los 50, compré un libro de Christophe André y François Lelord, *La autoestima*,[12] e hice el test «¿Confías en ti mismo?». Obtuve unos resultados preocupantes y empecé a informarme sobre los instrumentos necesarios para confiar en uno mismo. Por ejemplo, cuando te feliciten diciéndote: «Enhorabuena por este programa, es estupendo», limítate a responder «Gracias». He aprendido a incorporar los halagos y a saborearlos.

A los 50, perdí a mi padre, que era anciano y tuvo una buena vida. Como no me llevaba muy bien con mi madre, él fue una parte importante de mi vida. Así que el día en que murió se produjo un clic: ya no estaba ahí para juzgarme. Por este motivo me lancé. No dejé mi puesto enseguida; quería terminar mi mandato, mis promesas, pero un año y tres meses después dejé TF1. Sabía que quería actuar, que quería escribir, así que escribí un espectáculo (*Seule et alors?*), me subí al escenario, interpreté mi obra y, de un día para otro, gané confianza en mí misma.

El resurgimiento

Creo que me he liberado a la vez de mi padre y de mi madre. Más tarde, mi madre leyó mi serie de libros de humor, los corrigió, los valoró y me felicitó, y eso me pareció increíble. Me costaba creer que a mi madre le pareciese maja, pero le ha dicho a algunos de mis amigos que era fantástica, que le gustaba todo lo que había hecho.

Haber salido a escena, estar al desnudo, eso da confianza. Oír las risas es un alivio extraordinario. Por primera vez, me di cuenta de que era capaz de hacer reír al público. Luego piensas: «No importa si no soy culta; sé hacer eso». Así que me liberé de la mirada de mis padres, aunque pienso que, en el fondo, todavía me preocupa que me juzguen por una falta de cultura. Pero actuar es olvidarse de todo, actuar es ser de verdad tú misma, es mostrar todo y que no te importe ser lo que esperaba tu madre, hacer reír a los demás; este es el mejor regalo, es como hacerlos llorar.

No pienso que haya una única definición del éxito; se puede triunfar siendo pastor, carpintero, taquimecanógrafo o incluso cajera en Prisu. Lo fundamental es hacer bien las cosas y alegrarse de hacerlas. Ya no pienso que el éxito se mide por el dinero que ganas. Me siento realizada en los distintos puestos que he ocupado, pero el verdadero éxito, vuelvo a eso, habría sido encontrar una vacuna que permita cambiar realmente el mundo. Me encantan los artistas, pero me impresionan los investigadores que hacen descubrimientos y pueden salvar vidas.

Creo que las mujeres suelen tener menos confianza en sí mismas que los hombres, porque una mujer se hace más preguntas, constantemente. Desde que tienen 3 años, las niñas se hacen preguntas existenciales.

La maternidad puede dar confianza en una misma. Si hay alguien que te da un amor incondicional, que te encuentra guapa y maravillosa, esos son tus hijos, siempre y cuando te lleves bien con ellos. Naturalmente, la maternidad también bloquea las carreras de una forma inimaginable, y voy a confesaros algo horrible, pero sí, como empresaria, es más fácil que contrate a una mujer que tenga hijos mayores; de lo contrario, sé que cogerá una excedencia por maternidad, tendrá que ir al pediatra. Es terrible, pero es así.

Soy una de las mujeres que ha tenido trabajos de locos. He dirigido magacines, he tenido responsabilidades descabelladas, pero me he organizado para ocuparme de mis hijos; los acostaba, no quería que estuviesen durmiendo cuando llegase a casa, así que pasaba un rato con ellos y volvía a trabajar después. No me quedaba en la oficina hasta las nueve de la noche y tenía la suerte de que a nadie le importaba, siempre y cuando se hiciera el trabajo. Fue, por tanto, un esfuerzo tremendo de organización, pero funcionó. He llegado a irme de vacaciones con mi teléfono y mi ordenador. Dejaba que los niños fueran a la playa con mi madre, para poder trabajar. No siempre se puede, siempre hay decisiones difíciles, pero sigo creyendo que se puede hacer carrera siendo madre.

La femineidad no debería ser ni una ventaja ni una desventaja en el trabajo. Cuando tenía 30 años, sacaba todo el arsenal femenino; después de los 40, es mejor pasar a otra cosa... Me parece una engañifa ver en la femineidad un argumento engañoso.

Talleres sobre la confianza en uno mismo

Para recuperar la confianza en uno mismo, ahora dirijo talleres sobre este tema. Al haber identificado y resuelto el problema, soy la persona indicada para ayudar a los demás. Trato de identificar la frase que ha desencadenado todo. A solas, resulta muy fácil. En grupo, es más complicado. Pido entonces a los participantes que escriban su «frase asesina» de forma anónima y he observado que no procede necesariamente de los padres; también puede provenir de los hermanos y las hermanas. Por ejemplo, «¡Odile, eres imbécil!», rima estúpida recitada por los hermanos que adoraban a su hermana pequeña pero que se divertían llamándola «Odile la Imbécil». Ella hizo suyo el apodo y se esforzó en ser la imbécil de la familia. Trato, por tanto, de enseñarles a rehacerse en un terreno abonado podrido; cuento mi frase para que la gente se pueda identificar. La empatía es más natural cuando se comparte la frase.

Creo también que hay dos tipos de personas: las «*no-doubt*», que nunca dudan de sí mismas, y las «*no-trust*», que carecen de confianza en sí mismas.

Y creo que es mejor ser un «*no-trust*» al principio que un «*no-doubt*». Porque un «*no-doubt*» se equivocará, pero jamás aprenderá de sus errores, mientras que un «*no-trust*» soportará tan mal el fracaso que trabajará más para comprender su error.

No se puede hacer como yo y dejar que la frase asesina te defina durante treinta y cinco años. Es por tanto fundamental librarse de ella, sacar fuerza y poder. Invito, pues, a quienes carezcan de confianza en sí mismos a hacer balance de sus logros, lo que no han conseguido y lo que sí, a escribirlos en dos columnas, y siempre se observa que son más los éxitos que los fracasos, siempre. Veo aspectos positivos en su currículo que ellos no quieren ver o les restan importancia. Y yo les pido que escriban sus logros en una hoja grande y que la cuelguen en su habitación. Reconocer los éxitos, las fortalezas y los progresos es un gran paso hacia la confianza en uno mismo. Hay que felicitarse, mimarse. También les propongo que escriban una carta de agradecimiento a la persona que los ha «maltratado» (sin enviarla, no obstante), para liberarse de la frase, perdonar y saber que esta frase los ha convertido en lo que son, llenos de emociones, de deseos, de miedos. Porque el sufrimiento a menudo nos convierte en mejores personas.

Carecer de confianza en uno mismo es una suerte si se sabe cómo emplearlo para salir adelante. De esta manera, lo solucionamos. El hermano de «Odile la Imbécil» estaba celoso. Mi madre pensaba que yo estaba echando a perder mis capacidades y esa frase fue la proyección de sus propias angustias.

No importa si la confianza en uno mismo no es innata. Podemos tener unos padres afectuosos, sin frase asesina, pero unos comienzos complicados; tenemos que reflexionar sobre nuestros miedos, sobre una manera de avanzar y rehacernos, de ponernos tiritas por todas partes, de querernos. Todos podemos encontrar en nosotros mismos algo que nos permita madurar y sanar.

Elogio de la vulnerabilidad

Silvia afirma preferir el grupo de los «*no-trust*» al de los «*no-doubt*». Explica que el «*no-trust*» estará motivado para comprender su error, para aceptarlo y para hacer algo, darse la oportunidad de cambiar y recuperar la confianza en sí mismo.

Esta es también la opinión de Brené Brown, trabajadora social e investigadora en ciencias humanas y sociales en la Universidad de Houston, que en uno de sus libros hace un elogio de la vulnerabilidad.

> Percibir la vulnerabilidad como una debilidad es el mito más extendido y a la vez el más peligroso. Cuando uno se

pasa la vida rechazando la vulnerabilidad, protegiéndose de ser vulnerable o considerándose demasiado emocional, siente desprecio cuando los demás son menos capaces de ocultar sus sentimientos o están menos dispuestos a hacerlo, se traga sus emociones y avanza como un buen soldadito. Hemos llegado al punto en que, más que respetar y apreciar el coraje y la audacia que se ocultan tras la vulnerabilidad, dejamos que nuestro miedo y nuestro malestar se transformen en juicio y crítica. [...] Necesitamos cultivar la valentía de sentirnos incómodos y enseñar a las personas que nos rodean a aceptar ese malestar como parte de nuestro desarrollo personal.[13]

Y la vulnerabilidad se clasifica, según ella, por género.

Creo que la vulnerabilidad y la vergüenza son emociones humanas profundas, pero las expectativas que conducen a la vergüenza se organizan por género. Para las mujeres es: hay que hacer todo, hacerlo perfectamente sin que parezca difícil, lo cual es una configuración desastrosa; y para los hombres es: no ser percibidos como débiles.[14]

Recordar: Seis consejos para hacer que la falta de confianza sea un motor...

1. ¡Haz deporte! (En todas las etapas de tu vida, sobre todo durante la adolescencia.)
2. Con el tiempo, la falta de confianza de las mujeres se difumina: se aceptan con más facilidad. Pero no esperes a tener 50 años para pedir ayuda a un

especialista: no construyas tu propia personalidad en el sufrimiento.

3. Pregúntate, tú también, cuál sería la frase asesina que te corta las alas. Si has oído una frase semejante, escribe una carta de agradecimiento a la persona que la ha pronunciado. No hace falta enviarla; el solo hecho de escribirla te ayudará sin duda a pasar página.
4. Si no hubo una frasecita (o si no te acuerdas), coge una hoja de papel y anota todos tus logros, todo aquello de lo que te sientes orgullosa. Esto debería infundirte una pequeña dosis de confianza («Ah, sí, he hecho esto de todas formas»), ayudarte a que te sientas bien.
5. Escucha y canta «Bats-toi», de Mike Brandt: «Bats-toi / Serre les poings et bats-toi / Contre ceux qui veulent / T'empêcher d'être heureux [...] / La vie de chaque jour est un combat / Et si l'on te fait tomber quelquefois / Même si tu as très mal relève-toi / Relèèève-toi!».*
6. Examina tu falta de confianza desde todos los ángulos, trata de identificar las causas y luego acéptalas, ábreles los brazos y úsalas para avanzar.

* «Pelea, / aprieta los puños y pelea / contra quienes quieren / impedirte ser feliz [...] / La vida diaria es una lucha / y si alguna vez te derriban, / aunque te duela mucho, levántate. / ¡Levántate!» *(N. de la t.)*

7

LAS MUJERES ENTRE ELLAS

> Cada vez que una mujer se levanta por sí misma,
> sin saberlo posiblemente, sin pretenderlo,
> se levanta por todas las mujeres.
>
> Maya Angelou

Desde la niñez, criadas con las palabras almibaradas de los cuentos de hadas, se condiciona a las niñas a que conozcan la rivalidad y la envidia. Su salvación pasa por los hombres que vienen a rescatarlas (por lo general, un príncipe azul). La madrastra de Blancanieves es narcisista y tiene celos de su hijastra. Las hermanastras de Cenicienta la acosan... ¿Cómo confiar en otras mujeres?

Existe una forma de misoginia femenina muy distinta de la rivalidad que se puede observar en los círculos masculinos. Por lo tanto, ¿cómo cultivar la confianza en una misma cuando no solo debemos autoafirmarnos en un mundo de hombres, sino también lidiar con la rivalidad femenina? Y además, la misoginia femenina ¿es un mito, un tópico o una realidad?

MISOGINIA FEMENINA: ¿MITO O REALIDAD?

Tirarse de los pelos

«Si quieres conocer la escoria de los sentimientos humanos, fíjate en los sentimientos que albergan las mujeres hacia otras mujeres: os estremeceréis de horror ante tanta hipocresía, envidia, maldad, mezquindad», escribe Amélie Nothomb.[1] Durante mucho tiempo se ha reconocido que las mujeres se envidiaban, se criticaban, se lanzaban miradas poco cordiales entre sí. Que cuando se dejaba a dos mujeres decirse cuatro cosas bien dichas acababan por «tirarse de los pelos», expresión un poco desfasada y cuya realidad parece hoy ridícula, incluso cruel.

Esta forma de rivalidad viene de lejos, de una época en la que las mujeres solo tenían que preocuparse de encontrar marido. De este modo, cualquier dama de alrededor podía considerarse una rival. La literatura está plagada de historias de celos, sobre todo entre hermanas, como en *Las mujeres* sabias,[2] de Molière.

> ARMANDA: Y todo el mundo sabe que Clitandro suspira todavía por mí.
>
> ENRIQUETA: Sí, pero esos suspiros para vos son cosas superfluas, y nunca os rebajáis a las cosas humanas; vuestro espíritu está dispuesto a renunciar para siempre a casarse y la filosofía acapara todas vuestras pretensiones. Si vuestro corazón no siente ningún afán por Clitandro, ¿qué os importa que alguien aspire a ese corazón?

ARMANDA: El dominio que la razón ejerce sobre los sentidos no obliga a renunciar a los halagos del incienso, y no es posible negar méritos como esposo a quien se considera un leal adorador.

ENRIQUETA: Nunca me opuse a que adorase vuestras perfecciones; me he limitado, en vista de que lo desdeñasteis, a tomar lo que me ha ofrecido el homenaje de su pasión.

Este texto data de 1672. Los tiempos por suerte han cambiado, las costumbres también, pero algunas actitudes, algunas palabras sembradas hace mucho tiempo tardan en desaparecer. Por eso, tres siglos después, el mismo problema de rivalidad entre hermanas preocupa a los protagonistas de la famosa serie *Friends*: en el episodio 13 de la temporada 6, «Aquel que salía con la hermana», la hermana pequeña de Rachel llega a Nueva York y quiere salir con Ross, antiguo novio de Rachel. Esta última no puede imaginarse a su ex con su hermana. Es una regla no escrita pero inmutable: no se puede seducir a dos hermanas.

Las chicas, ¿todas unas arpías?

Las amistades entre hombres impregnan nuestra cultura: todos conocemos el famoso lema de *Los tres mosqueteros*, de Alejandro Dumas:[3] «Uno para todos y todos para uno»; la amistad que une a Lenny y Georges en *De ratones y hombres*, de John Steinbeck,[4] e incluso aquella, sagrada, que unió al bohemio y a Meaulnes el Grande, de Alain-Fournier.[5] En el cine, desde *Dos hombres y un destino*,[6] nos conmovimos ante *Tres amigos, sus mujeres... y los otros*,[7] *Un elefante se equivoca enormemente*[8] o también *El corazón de los hombres*.[9]

Para encontrar el equivalente en las mujeres, hay que esperar a la huida de *Thelma & Louise*[10] en el cine o a *Puro fuego: confesiones de una banda de chicas*[11] en literatura. Pero las verdaderas historias de amistad femenina más importantes nos las han ofrecido las series de televisión. En *Sexo en Nueva York*[12] (temporada 4, episodio 1, 2001), las cuatro protagonistas declaran ser almas gemelas: «Tal vez nuestras amigas son nuestras verdaderas almas gemelas y que los hombres son solo personas con las que divertirse».

Esta serie tuvo una repercusión considerable, no solo porque, por primera vez, las mujeres hablaban de deseo y sexo, confiaban en sí mismas pese a buscar, a veces de forma desesperada, el amor, sino sobre todo porque nos mostraba una versión entrañable de la amistad femenina.

> Esto permitió a *Sexo en Nueva York* abrirse paso en el corazón de tantas mujeres; es la manera que tiene la serie de destacar la amistad femenina. Eso puede parecer contradictorio, ya que se supone que se trata de encontrar un buen hombre, pero la serie es apasionadamente idealista en el modo en que las mujeres pueden dar pruebas de un amor incondicional.[13]

¿Apasionadamente idealista, firmemente optimista o involuntariamente realista? Los pesares de la amistad nos hieren tanto como las penas de amor. No todas las chicas son unas arpías que sienten celos; a menudo se apoyan, se valoran y se quieren.

Por otra parte, Lena Dunham, creadora estadounidense de *Girls*, ha sido criticada por volver a ese prejuicio de la fragilidad de la amistad entre las protagonistas de la serie. Por medio de uno de sus personajes, explicaba que esta amistad era agotadora, narcisista y aburrida. La temporada final de *Girls* establecía así las creencias tóxicas sobre la falsa sinceridad en la amistad entre chicas. Una periodista inglesa analiza esta vuelta atrás.

> *Girls* podría haber sido una oportunidad para mostrar la verdadera importancia de la amistad entre las mujeres: el papel fundamental que desempeñan nuestras amigas en nuestra vida, los altibajos, la manera en que esta amistad se transforma con el paso de los años, desde la intensidad de las amistades del instituto hasta las relaciones más tranquilas pero siempre afectuosas de finales de los veinte años o los treinta. En lugar de hacer esto, *Girls* ha reducido la amistad femenina a sus peores estereotipos: el egoísmo, el narcisismo, el deseo de empujar a las demás mujeres bajo un autobús cuando se trata de acostarse con un hombre.[14]

El peligroso veneno de la comparación

Compararse en exceso con los demás es una lamentable costumbre que contribuye a aniquilar la confianza en uno mismo. Es una de las vocecitas interiores más destructivas. Cuando nos fijamos en los demás y nos comparamos, por lo bajo o por lo alto, esto puede dar lugar a una sensación de valoración («soy mejor que»), aunque también de deseo, con una disminución de la autoestima. La mayoría de las veces, la comparación ocasiona emociones perturbadoras. Establece un límite entre nosotros y el resto del mundo. Nos aísla en un proceso donde a veces nos tranquilizamos equivocadamente acerca de nuestra propia valía («Hago esto mucho mejor que ella», «Ella viste mal», etc.) y donde casi siempre nos menospreciamos; de hecho, lo único que hacemos es atribuir a los demás nuestras críticas negativas sobre nosotros mismos («Todos deben pensar que no tengo nada interesante que decir» o «que soy fea»).

¡Quien jamás se haya comparado con alguien que lance la primera piedra! Llegas a una velada, ves a una mujer muy hermosa (según los criterios masculinos), tu novio también se percata y enseguida empieza a difundirse en tu cerebro el veneno de la comparación.

Tres soluciones frente al veneno de la comparación

1. En lugar de compararte, conviértete en tu amiga; establece un vínculo de amistad contigo misma. Desear el bien a un amigo es poder ser indulgente y exigente con él, aunque siempre con delicadeza.
2. Adoptar mantras de autobenevolencia: «Perdónate, da lo mejor de ti, reconoce que tú triunfas, no te hagas daño».
3. Rodearse de personas a las que admiramos, que sabemos que no nos juzgarán, más bien al contrario: se

refieren a nosotros con una mirada llena de bondad. Y alejarse de quienes nos hacen dudar, como ha hecho Marine, de la que hablaremos ahora.

Marine, 29 años, informática, nunca había pensado mucho en su físico antes de casarse. Un metro setenta y cinco, talla 40, cola de caballo castaña y ojos chispeantes. Le gusta bastante la moda y siempre viste igual, tejanos y camisa, desde la universidad. Se enamora de Victor, también él informático; muy pronto viven juntos y se casan. La hermana de Victor no puede dejar de criticar a Marine.

«Hacía comentarios constantes sobre mi aspecto, mi estilo demasiado informal, no lo bastante femenino, muy poco maquillaje y tacones, demasiado voluptuosa para su gusto. A la fuerza, acabé pensando que estaba gorda. Hice deporte en exceso, dietas. Ella quería darme consejos sobre nutrición. Es raquítica, ortoréxica. Como soy educada, la dejaba hablar, pero evitaba verla. Cuando Victor no estaba, se volvía odiosa. Tuvimos una niña hace cuatro años y empezó a criticar a mi hija. Acabé por decirle cuatro cosas bien dichas. Victor se metió en medio y le advirtió que, si quería seguir viendo a su sobrina, tenía que dejar de criticar. Me costó cinco años, pero conseguí librarme de su mirada crítica. Estoy obligada a frecuentarla, pero la ignoro. Sin embargo, estoy al tanto cuando está cerca de mi hija. Y mi marido está de mi parte, siempre.»

La hermana de Victor tiene un malestar que proyecta sobre su cuñada, que distorsiona su mirada y le hace sin duda mirar a otras mujeres con acritud. No compararse es la clave de la sabiduría; nos evita las frustraciones y las relaciones falsas. Por suerte, tenemos amigas en la vida con quienes nos sentimos seguras. Pero ¿qué pasa en la esfera profesional?

MUJERES EN EL TRABAJO

No exponer la fragilidad

Nos reunimos con Anne, espléndida mujer de 60 años, jubilada.

> Siempre he tenido problemas con las mujeres en el trabajo. Una primera experiencia horrorosa, a los 27 años, en una agencia de publicidad de París en la que trabajaba como jefe de proyecto a las órdenes de una directora de servicio al cliente de unos 50 años, muy guapa pero aterradora. Cuando sienten que eres débil y vulnerable, las mujeres poderosas se aprovechan. No hay ninguna solidaridad o muy poca, primero porque es un entorno competitivo, pero también porque tener poca confianza en ti misma te lleva a dejarte pisar; siempre lo he hecho así. Por ejemplo, cuando haces una propuesta de comunicación sin fundamentarla, sin reafirmarte, cuando hablas temblando, transmites la duda a la persona que te dirige. Recuerdo a compañeros que hacían que trabajaban y vendían humo, pero con tanto aplomo que colaba. Esta mujer quería conservar su cargo, su estabilidad, y tener a alguien frágil como yo debilitaba al equipo, según ella, sobre todo en estos medios de comunicación donde se precisa labia. Yo me

dejaba pisar hasta que alguien venía a rescatarme; siempre he hecho lo mismo. No he aprendido nada de esta experiencia.

Posteriormente, enfrentada una vez más a una mujer con la que debía trabajar, desistí, ni siquiera afronté la situación. Después, siempre he repetido este esquema. Mi última experiencia profesional fue con una mujer a la que le caía bien, una mujer de negocios, poderosa, con dinero..., y me equivoqué al no imponerme. Eso duró siete años, pero ella empezó a menospreciarme. Entonces me fui. Quizá no me impuse antes porque quería conservar mi empleo, terminar mi misión. Siempre tuve miedo de perder mi trabajo: siempre es el miedo el que domina. Ni que decir tiene que esto va unido al miedo que me transmitieron mis padres.

Su educación explica en gran medida la falta de confianza en sí misma. La historia familiar donde se habla de desarraigo y que provoca una pérdida de referencias de identidad ha contribuido a crear ese sentimiento de vergüenza que Anne ha absorbido de manera inconsciente. Son factores que borran las huellas e impiden que se encuentre a sí misma.

Nací en un entorno familiar y social que no ha fomentado la confianza. Primero el destierro: dejé un país a los 4 años, en condiciones difíciles, con unos padres que perdieron su condición. Mi padre era frágil, a menudo estaba enfermo; creo que se ha incriminado mucho a las madres, pero es importante tener un padre fuerte. Y mi madre, autoritaria, estricta, me enseñó a tener miedo de todo a base de repetirme: «¿Vas a ser capaz de...?», que equivale a decir: «Eres incapaz de...». No había nadie que me diera la fuerza durante la niñez, ni padre ni madre. El hecho de que ella haya sido más fuerte que mi padre ha influido después en mis relaciones con las mujeres. Por eso tengo remordimientos, pero a la vez no sabía qué había que hacer. Estábamos fuera de la ciudad; hice la selectividad a los 17 años: ir a la universidad a esa edad es de locos (de nuevo culpa de mi madre).

Al final, estudié algo interesante, aun cuando no fue una elección personal; me dejé llevar por mi madre otra vez. Por eso el biotopo familiar es importante. Se supone que los padres nos orientan, pero en ocasiones nos limitan.

Empecé a trabajar con un psicólogo a los 50 años, pero me dije que era un poco tarde, demasiado tarde en cualquier caso para distanciarme de mi familia.

Retrospectivamente, pese a haber tenido malas experiencias, creo que las mujeres tienen una relación bastante buena entre ellas; quizá me equivoqué. Hay que saber cómo hablarse, y, en el fondo, encuentro mujeres interesantes en el trabajo, si bien es más fácil trabajar con un hombre porque competimos menos, no intentamos superarlo.

La madre de Anne le ha transmitido sus propias convicciones y sus miedos (¿carece ella también de confianza en sí misma?) en lugar de valorar su coraje y audacia. No ha podido sacar fuerzas, ni del padre ni de la madre. En ella ha tenido que brotar un sentimiento de vergüenza y de carencia, que se ilustra por medio de estrategias de retirada en las que nunca llegaba a autoafirmarse ni a avanzar en función de sus propios deseos. A pesar de todo, Anne termina con una nota positiva con respecto a las mujeres, lo que refleja una cierta tranquilidad en cuanto al papel de sus padres.

Competencia y rivalidad

Autora y profesora de estudios de género, Susan Shapiro Barash quiere distinguir entre competencia y rivalidad.

> En la competencia, somos conscientes de nuestra valía y medimos nuestras capacidades y fuerzas con las de otra persona, hombre o mujer. La rivalidad se basa no solo en la fuerza, sino en el miedo a ser suplantada por otra mujer, ya sea en la esfera profesional o en el amor. Es ambigua, tanto más traicionera en cuanto que es inconsciente. [...] A menudo, cuando una mujer llega a lo más alto de la jerarquía, ha pasado por tanto que, en lugar de mostrar solidaridad con sus congéneres, quiere estar sola en compañía de hombres, disfrutar de todo el poder y de la relación de seducción.[15]

La autora también nos alerta de nuestras inclinaciones malvadas: «Cada vez que celebramos la caída de una mujer poderosa, nos transmitimos el mensaje de que el poder es algo malo y no deberíamos desearlo». En efecto, eso sirve para perpetuar la falta de confianza de las mujeres. Es el síndrome de la abeja reina (según un estudio de la Universidad de Míchigan que causó mucho revuelo en los años setenta). Su poder en la colmena no lo compartirá. En realidad, no es tanto la voluntad de reinar, las ganas de que las demás las pasen tan canutas como tú o incluso el miedo a perder su base, sino más bien el resultado del doble rasero que aún afecta a algunas empresas. Cuando un hombre tiene seguridad, una mujer tiene prepotencia. Un hombre puede mostrarse feminista; la mujer será tachada de activista, incluso de histérica.

Frédérique Clavel, fundadora y presidenta de Fincoach, da fe asimismo de esta rivalidad en la cúpula.

> Hay muy pocas mujeres en lo alto de la pirámide, excepto tal vez en política. Gracias a la ley de 2011, hay mujeres visibles en los consejos, pero muy pocas en las estructuras operativas de las empresas, y las escasas mujeres que han llegado a lo alto de la pirámide se han visto obligadas a tomar las armas de los hombres. He conocido a una o dos en el mundo del capital riesgo que habían sacrificado su vida personal para llegar hasta ahí y creían que era normal que las demás las pasaran tan canutas como ellas para llegar a triunfar. Otras tienen la inteligencia de ser inclusivas, como Christine Lagarde, que ya era una gran jefa cuando la conocí y que realmente nos ayudó en uno de nuestros proyectos. Las que han sacrificado su vida privada no son las más amables con las demás mujeres; por eso el equilibrio es tan importante.

Chloé tiene 26 años y trabaja para una gran agencia de *marketing* digital. Por primera vez en su corta vida, le ha sorprendido la actitud de las mujeres entre ellas en el trabajo.

> Cuando trabajo con mujeres, internamente, en la agencia, la mayoría de las veces estamos unidas como equipo: nos comunicamos mucho, hay una gran compasión y entendimiento, en el sentido de que, si alguien está pasando por un momento difícil, por ejemplo, estamos presentes y nos ayu-

damos mutuamente. Trabajamos mucho, pero es el ambiente de la agencia, y, si queremos, podemos trabajar a veces desde casa; es bastante flexible. Hablamos de nuestros novios, de lo que nos pasa en la vida sin desconfiar demasiado. Mi jefa es adicta al trabajo, pero, pese a ser exigente, es legal y siempre está ahí para apoyarme ante cualquier problema. Sé que no puedo decepcionarla, pero ella me enseña mucho.

Desde que nos relacionamos con nuestro mayor cliente, una multinacional, esta dinámica cambia. Claro está, el cliente tiene un cierto poder sobre nosotros; él es quien nos paga, quien decidirá el futuro de esta relación, y la agencia depende de él. Resulta que nuestro cliente es también un grupo formado exclusivamente por mujeres: son cinco, todas jefas de su departamento, y tienen entre 40 y 50 años, además de dos principiantes con quienes en realidad no tratamos.

Cuando están en esta posición de poder, las mujeres de la agencia son especialmente difíciles: la sensación de equipo desaparece. Al principio, esto fue un *shock* para mí, no solo porque era mi primer trabajo con responsabilidades —soy jefa adjunta, justo por debajo de mi jefa para este cliente—, sino porque después no me esperaba esto de las mujeres. Era ingenua.

Su actitud consiste en hacernos comprender que lo que hacemos no es suficiente: nos imponen plazos imposibles de cumplir, sus comentarios son bastante negativos, y cuando logramos entregar el trabajo a tiempo y puntualmente, no hay ningún tipo de reconocimiento. Nunca. Solo la ausencia de comentarios despectivos, lo que interpretamos como una señal de satisfacción. Es un poco extraño; no puedo decir que esté en un clima de confianza: debo mantenerme alerta en todas mis comunicaciones. Pongo a todos en copia, incluso en las cadenas de intercambio de correos de seguimiento triviales. Me he vuelto un poco «paranoica», de repente, y he tenido que adoptar una actitud muy llana, no dejar entrever nada humano, una especie de robot.

Creo que intentan ser «hembras alfa» y piensan que eso les da una especie de envergadura, una prestancia. Me esperaba más solidaridad; pensé que tal vez, al estar entre mujeres, habría más delicadeza y cariño... De hecho, todo es muy político; me da la impresión de que actúan de manera estratégica para hacer que sus carreras respectivas progresen. Solo eso. En cualquier caso, esa es mi sensación.

Tengo otro cliente del que me ocupo esta vez directamente; es de menor envergadura, aunque tiene una participación importante en el mercado. Aquí, estoy frente a un equipo formado únicamente por hombres. Naturalmente, eso no es algo ligero, puede ser brusco, pero es legal, si bien en ocasiones me puede dar miedo. Sin embargo, no es un miedo que me haga perder confianza en mí misma. El poder se presenta de forma distinta; tengo menos la impresión de que quieran jugar sucio o hablar a mis espaldas. Con los altos directivos de mi gran cuenta, es como un «baile» en el que participamos todos: ¿qué les diremos?, ¿cómo se lo diremos? Y todos se posicionan para proteger sus intereses.

Creo que si tuviésemos un hombre en nuestro equipo, cambiarían mucho las cosas y las dinámicas, ya sea en la agencia o por parte de ellas. Mi teoría es que estas mujeres preparadas seguramente han tenido que luchar, porque todas han conseguido triunfar en su carrera. Al ser una minoría, han adoptado un mecanismo constante de defensa con el fin de imponer su poder y, de este modo, autoafirmarse. No juegan en el medio campo o en equipo. Tampoco ayudan a las mujeres, quizá porque no les han regalado nada y no saben hacer regalos; ¿es por eso? Han alcanzado un cierto nivel de decisión y de poder, pero no me parece que sea muy inspirador. Sin embargo, sigo siendo optimista. Esta es solo mi primera experiencia laboral en la que me relaciono con un grupo muy grande, en el que las únicas interlocutoras son mujeres. El camino es largo y no pierdo la esperanza de codearme con mujeres fuertes y preparadas que no estén en una competición indiscriminada. El mundo cambia y nosotros con él. Sigo siendo optimista.

Chloé está llena de energía y de vivacidad al comienzo de su carrera. Su experiencia ha sido doble. Por una parte, en la agencia, donde la colaboración y la ayuda mutua forman parte del enfoque de trabajo, donde todos están unidos para lograr un objetivo común para el cliente. Por otra, en las prestigiosas instalaciones de una torre de cristal, donde hace frente a la alta dirección del cliente y donde los comportamientos son distintos. El lenguaje corporal y la actitud de los altos directivos concretan un enfoque masculino del poder y de la autoridad que no debería esperar. Ha tenido que percibir todos esos intercambios y esas reuniones con una mirada reglada, sesgada de manera inconsciente. Chloé se ha topado con mujeres difíciles y autoritarias, «nada fáciles». En esto coincide con la mayoría de las mujeres y de los hombres que juzgan de forma negativa a las mujeres que ocupan puestos de liderazgo. No gozan de simpatía, se alejan demasiado de la norma y no proporcionan ni apoyo ni ánimos. Como lo plantea Chloé, estas personas más expertas y más mayores han tenido que luchar contra obstáculos de género y, como suele ocurrir, se esfuerzan el doble con el fin de demostrar su credibilidad y su valía. Han elegido las capacidades antes que la popularidad e ilustran perfectamente la idea de doble rasero. Este encuentro intergeneracional pone de relieve esta dicotomía obsoleta que atrapa todavía a las mujeres, jóvenes o no tan jóvenes.

La ambivalencia del liderazgo femenino

Alardear de confiar en sí mismo y autoafirmarse sin preocuparse demasiado de los demás es una actitud que se busca en los hombres. En cambio, este comportamiento se censura en las mujeres si no añaden una dosis de delicadeza. La relación de poder, de liderazgo, se percibe de manera sexista y se refleja a través de una mirada ambivalente de las mujeres entre sí, frente a su posición en un universo dominado aún por los hombres. Son muchas las que confían en sí mismas: quieren ser competitivas, firmes y directas, adoptar comportamientos que denotan una cierta autoridad (cabeza alta, plena presencia, hombros rectos, ademanes presuntuosos, etc.), pero suelen contenerse por miedo a ser rechazadas y pasar por prepotentes, incluso a costa de que al final las perciban como incapaces de trabajar en puestos directivos.

Vivir con sentimientos complejos ante lo que podrían significar el éxito y la autoafirmación es una experiencia con demasiada frecuencia penalizadora y hace tambalear la confianza en una misma. Ser las sucesoras de un linaje de madres, abuelas y bisabuelas instruidas para permanecer «en su lugar», ser educadas, establecer vínculos anteponiendo las necesidades de los demás a las suyas no se lo pone fácil a la mujer actual, receptora de decenios de duda de sí misma. Por este motivo las mujeres dirigentes siempre están sometidas a opiniones contradictorias. Son demasiado autoritarias o demasiado blandas. Nunca como es debido.

Esto corresponde a esta idea de *double bind* o «doble vínculo», introducida en psicología por Gregory Bateson, antropólogo, psicólogo y epistemólogo anglo-estadounidense, que es el resultado de instrucciones paradójicas que expresa así: «Estás condenado/a si lo haces y estás condenado/a si no lo haces». Demasiado autoritarias o demasiado blandas...

El aspecto ejemplar de las mujeres en el poder

Si bien se observa una falta de confianza en las mujeres que trabajan a las órdenes de otras mujeres, por el contrario, ser empresaria, dirigente o presidente de grupo es un ejemplo, una enseñanza para creer en una misma y encontrar el propio camino. Una presencia femenina en puestos clave deja un rastro influyente y valida indirectamente la creencia de que se puede apuntar alto y triunfar. Los comportamientos que han de desarrollar las mujeres, el hecho de saber negociar un salario, un ascenso sin tener miedo de pedirlo, intervenir en una reunión, etc.; estos «atrevimientos» se encarnan en estos modelos femeninos innovadores y motivadores. Verdaderos ejemplos para el componente colaborativo del liderazgo. Estas mujeres inspiradoras son cada vez más numerosas. Basta citar dos marcas, baluarte de la masculinidad, que han apostado por las mujeres, con Laura Schwab al frente de Aston Martin o Maggie Timoney en Heineken.

En este sentido, la escritora Rebecca Solnit cree que la clave para cambiar el mundo empieza por reescribir los cuentos, que permitirá a las mujeres liberarse de relatos limitadores. En su última obra,[16] replantea uno de los grandes cuentos de la rivalidad femenina, el de Cenicienta y sus hermanastras. Las libera de los problemas de seducción y poder, de un destino sometido a las normas vigentes, sin dejar de respetar sus valores esenciales. Les reasigna otra definición de lo que es una vida plena. Las ocupaciones y las aspiraciones cambian y todos sacamos provecho. La varita mágica de la autora mete en el cajón del olvido los estereotipos asfixiantes.

Nos reunimos ahora con Isabelle, 50 años, titulada en Ciencias Políticas; trabaja como directora de marcas importantes en el sector del lujo. Esta vez, la rivalidad se produjo con una jefa que carecía de confianza en sí misma.

> He visto, durante mi carrera, problemas de rivalidad femenina, sobre todo en un trabajo en Londres, con una administradora de red que me contrató y que después intentó despedirme porque se dio cuenta de que tenía menos experiencia que yo. Se sintió amenazada y pensó que le haría sombra y le robaría su puesto. No tenía ninguna intención de ocupar su lugar: en aquel tiempo, había dejado muy claro que no quería irme de

Inglaterra. Sin embargo, intentó por todos los medios «quitarme las ganas» y hacer que me marchara. ¡Y lo consiguió! Esta experiencia duró casi tres años.

Los seis primeros meses, cuando observó que los directivos apreciaban mi gestión, mis resultados y me felicitaban, me presionó de forma indirecta por medio del nuevo director para Europa y Oriente Medio al darle el cargo y contarle su versión de los hechos. Como no me conocía, fue fácil meterle ideas en la cabeza y decirle: «De ti depende que se vaya, dado que has pasado a ser su superior inmediato» y endilgarme un plan de nuevo desarrollo de tres meses, su idea para menospreciarme... Pero él decidió auditar mi trabajo: se dio cuenta de que no había ningún problema en mi gestión y vio claramente su juego. Conseguí paz durante casi dos años.

Por desgracia, él dejó la sociedad y ella ocupó un puesto aún más prestigioso en la dirección. Trabajó entre bastidores con el nuevo director y alegó los mismos problemas y las mismas tensiones. Dado que él no estaba en absoluto a la altura, ella ejerció una cierta influencia sobre él. En la segunda fase de su ofensiva, fue muy difícil rebatir abiertamente, ya que ella usaba a esta persona, que pasó a ser mi superior inmediato.

Su falta de confianza en sí misma fue sin duda funesta para mí; llegó a ese trabajo por razones muy políticas, no necesariamente por sus capacidades. Y lo demostró en muchas ocasiones al rodearse de inútiles y así ser la única que sobresalía, cuando yo más bien busqué personas brillantes para formar mis equipos.

Creo que un hombre no habría repetido todo eso hasta el infinito; habría sido más directo. Ella esperó el momento oportuno para tenderme una trampa y vengarse. Los hombres también se sienten amenazados, pero he podido observar que se lo toman de manera diferente: tienden a aclarar las cosas más directamente.

Hace poco, he vivido una experiencia en las antípodas de esta, con una directora general brillante. Al principio, no lograba entenderla: a veces, cuando ella no estaba de acuerdo, se dedicaba a gritar. No me fiaba de ella por completo, pero podía aceptar las críticas y no existía el lado hipócrita de algunas mujeres que van a darte una puñalada trapera. Con su inteligencia y su integridad, sabía escuchar y juzgar. Reconocía que se le podían escapar algunas cosas y hablaba con franqueza. Tenía la suficiente confianza en sí misma, hasta ese nivel, para dudar. Me gustó también esa ausencia de filtro que puede parecer desconcertante, sobre todo en una mujer, pero que la dota de una integridad que no he visto a menudo en este entorno, y en especial entre las mujeres.

Los consejos de Isabelle para superar estas pruebas

Evaluación de competencias

Un modo formidable de recuperar la confianza en uno mismo es hacer, después de quince años de carrera, una evaluación de competencias. Esto permite ver dónde se está, tener una visión externa del trabajo realizado y decirse: «¡Al fin he hecho todo esto! ¡No está mal!». No siempre nos damos cuenta, y la evaluación nos permite posicionarnos, restablecer la confianza o reafirmarnos en nuestro nivel de competencias.

La tutoría puede hacer que los demás progresen

Hago tutorías, no necesariamente con mujeres: si encuentro jóvenes que tienen capacidades para progresar, los motivo. Hombres o mujeres, no importa; lo que me interesa en cambio es la persona. En el lujo, me cruzo con muchas mujeres jóvenes. Me encanta hacer que progresen: me alegra ver que lo consiguen y que les he dado esta primera oportunidad. Saber que, años después, me agradecerán que les haya echado una mano, que les haya dado confianza en sí mismas, es un placer inmenso y tiene sentido.

Lo femenino en entornos masculinos puede ser un auténtico estigma, un motivo de discriminación, sobre todo si se tiene una voz aguda. La historiadora Christine Bard nos recuerda que Ségolène Royal hizo rehabilitación con especialistas para bajar su registro vocal hasta los graves. Como si todo lo que recordase a lo femenino en los centros de poder fuera excluyente, como si hiciera falta eliminar su lado femenino para hacerse un hueco.

Ya es infrecuente ser mujer en esos círculos, y si además alardeamos de códigos femeninos como la voz o la manera de vestirse, esto se vuelve contra nosotras. Nada mejor para debilitar nuestra confianza en nosotras mismas que devolvernos constantemente a nuestra femineidad, a nuestra voz, a lo que sea, con tal de desviar la atención de nuestras capacidades y ponerlas en tela de juicio. A pesar de todo, la historiadora hace más matizaciones sobre las relaciones de las mujeres entre sí.

Todavía queda mucho por hacer, pero creo que existen burbujas de sororidad, microcosmos formales o informales. Hay muchas mujeres que se reúnen para ayudarse en caso de dificultad, que se escuchan, ya sea simplemente entre amigas o en asociaciones femeninas cuyo fin es cultivar la sororidad. Muchísimas mujeres mantienen viva la vida asociativa, por ejemplo, los Sistemas de Intercambios Solidarios (SEL, por sus siglas en francés).

LOS ORÍGENES DE LA RIVALIDAD

¿Viene todo de la relación madre-hija?

Las mujeres que tienen dificultades en el trabajo cuando están a cargo de otras mujeres, si no son ineptas, pueden tener un conflicto con la autoridad a secas o, como Anne, tener problemas que están muy arraigados en la infancia. Entran en juego varias hipótesis. En la relación madre-hija, se puede crear un lazo demasiado estrecho del que la hija intentará liberarse, si su madre se lo permite. La relación madre-hija suele ser complicada y está teñida de ambivalencia: una hija puede sentirse abrumada por el modelo materno, por su autoridad o por sus logros. Encontrar su lugar, mantener una buena distancia con su madre para tomar sus propias decisiones puede ser un asunto de toda una vida. Según Annick Houel, autora de un libro titulado *Les Rivalités féminines au travail*:[17]

Lo que está en juego con una jefa es la relación con la autoridad materna. En el mundo laboral, muchas mujeres rechazan a la jefa que reactiva la figura arcaica de la madre todopoderosa. Aceptan de un superior lo que no soportan de una mujer que está por encima de ellas. Dicen a menudo que, en caso de conflicto, ellas «se refugian» en un compañero porque es más fácil.[18]

La integración del modelo masculino

La otra explicación es, una vez más, sociohistórica. Se trata ante todo de una cuestión de costumbre, de imagen: la rivalidad entre hombres en el trabajo se acepta y parece normal, casi sana, mientras que entre mujeres se estigmatiza. Volvemos al tópico arcaico de «tirarse de los pelos».

Además, hay que reconocer que algunas mujeres no juegan limpio con sus compañeras. ¿Por qué? Porque para abrirse camino en un círculo masculino, creen que es necesario adoptar los códigos del entorno. En el mundo empresarial, dado que han incorporado de manera inconsciente las imposiciones masculinas, las mujeres pueden ser unas lobas para las de su género. Han interiorizado la misoginia como un factor lógico tras siglos de prejuicios, decenios en los que han sido consideradas inferiores a los hombres. Así que es natural que a veces se comporten como hombres, que se pongan en cierto modo del lado de los hombres, para que no las consideren seres «débiles» o «inferiores», y que miren a las demás mujeres como posibles seres «débiles». Imitan, por consiguiente, un comportamiento masculino misógino y se lo apropian, a veces hasta en exceso.

Esto es lo que explica Danièle Kergoat, socióloga del trabajo:

> El dominio masculino está tan interiorizado por las mujeres que ellas mismas se subestiman. Se niegan a sí mismas como género desvalorizado y lleno de defectos.[19] Así, esta misoginia que ejercen las mujeres se puede analizar como una forma de autodefensa. En síntesis, hay que entender que la misoginia femenina «sería un autodesprecio, mientras que la masculina sería un desprecio del otro».[20]

¿Cómo conseguir tomarse en serio su voz de mujer sin cambiar el timbre ni la esencia?, ¿sin falsa modestia? Como hemos visto, la confianza en uno mismo pasa por ir honestamente al encuentro con uno mismo. Sin por ello imitar a los hombres o adoptar una actitud necesariamente masculina, o incluso entrar en discrepancias masculino/femenino propiamente dichas. Pero sí conocerse y permanecer, en la medida de lo posible, fiel a uno mismo para de este modo lograr respetarse, algo básico para nuestra integridad como seres humanos.

LA ERA DE LA SOLIDARIDAD ENTRE MUJERES

Martine Abbou es la embajadora de las redes de mujeres. Ha fundado Wimadame, «la red de mujeres emprendedoras de su vida», que es a la vez una red y un medio digital, y que promueve el espíritu emprendedor de

las mujeres. Para ella, la solidaridad se ha de construir. ¡Y hay mucho que hacer! La conocimos a efectos del libro.

Los hombres siempre han funcionado en redes: van juntos a los partidos de fútbol o al bar, mientras que la mujer siempre ha evolucionado en su hogar, en el círculo estrecho de su familia. De este modo se ha desarrollado una forma de fraternidad entre hombres. Las mujeres necesitaban ponerse al día. Necesitaban reunirse para terminar con la soledad y dialogar sobre sus experiencias profesionales y empresariales. En la actualidad, existen en Francia más de quinientas redes de mujeres.[21] Creo que si dos mujeres compiten, se tiran de los pelos, al querer conservar cada una el poder. En cambio, si hay cinco o seis mujeres, se forma un equipo solidario. No quisiera que idealizáramos esta nueva sororidad; aún hay mucho trabajo, pero poco a poco se pone en marcha. Es tan solo cuestión de tiempo. La forma de dirigir ha cambiado mucho en estas últimas décadas. Gracias a internet.

Las redes de hoy en día son el reflejo de un deseo de autonomía, de ganas de expresarse: la vida solo es cuestión de agradables encuentros. Siempre ha existido en mí una forma latente de activismo. Bullía de proyectos, quería ser un ejemplo para mis hijas, con objeto de que se graduaran y no se enfrentasen a estereotipos. Hablé con una de mis amigas, brillante, que trabaja en una empresa de contratación. Me invitó al Women's Forum en Deauville en 2000. Había gente de todo el mundo. Conocí a las mujeres que están al frente de Force Femmes, una red excelente que acompaña a las mujeres en la creación de empresas. Y ese fue el detonante: algo se estaba gestando; sentí una especie de despertar en las mujeres.

Al salir, llamé a mis amigos y les conté mi idea: «Mi sueño es hacer una red para las mujeres que no tienen redes». Quizá fui ingenua, pero pensé firmemente que si la vida de las mujeres mejoraba, pasaría lo mismo con los hombres. Todo es cuestión de equilibrio. Así que reuní a mis amigos, mujeres y hombres. Tenía una libreta de direcciones, pero una libreta no es una red. Creé un premio a nivel europeo que tuvo una cierta repercusión y, en 2001, Wimadame vio la luz.[22] Me formé en el mundo digital. Las mujeres pueden reunirse para reflexionar, establecer vínculos. Las ideas se crean para compartirse. Quería ser un medio para dar voz a las mujeres digitales, a las emprendedoras, a las mujeres con talento que carecían de red pero tenían algo que decir. Sabía que esto crearía una solidaridad virtual. Y poco a poco, Wimadame se ha hecho eco de las palabras de las mujeres y desea ayudarlas en tres ámbitos: el empoderamiento, el equilibrio y la confianza.

EN CONCLUSIÓN

Los modelos femeninos existen; los veremos en el capítulo 10. Mientras tanto, ¡libérate de la culpa! Si te sientes constantemente al pie del cañón es porque se exige cada vez más a las mujeres, incluidas órdenes contradictorias: «¡Adopta comportamientos masculinos reafirmándote!» / «¡Conserva tu parte de delicadeza!»...

En el fondo de sí mismas, las mujeres temen tener que soportar la opinión de la sociedad. ¿Cómo encontrar la cuadratura del círculo cuando se es una mujer joven, llena de ímpetu, que llega al mercado laboral?

¿Cómo confiar en una misma cuando otras mujeres se sienten amenazadas tan solo por tu existencia?

Ya lo hemos visto: la misoginia no está reservada a los hombres. Algunas mujeres se odian entre sí porque carecen de confianza en sí mismas, se comparan sin cesar, tienen miedo de no ser las favoritas. En el amor, esto se refleja en los celos; en el trabajo, en el abuso de poder y en actitudes cuestionables. Esto siempre ha existido. Delphine de Girardin, escritora francesa del siglo XIX cuyo salón literario fue frecuentado por Balzac, Hugo o Lamartine, se atrevió a escribir: «Solo existe un modo de elogiar a una mujer: hablar muy mal de su rival». Pésima visión de la mujer.

Tenemos que acabar con los mitos y las creencias, dejar de relegar a las mujeres a papeles de seducción, belleza o rivalidad en la esfera privada, a papeles de arpía o de figura maternal en la esfera profesional. Conseguir establecer vínculos de sororidad que no estén justificados por el género (una mujer no es competente porque es mujer), sino que tengan en cuenta las capacidades al igual que en un hombre.

Como dice el icono feminista Gloria Steinem: «Tenemos que crear familias alternativas, grupos pequeños de mujeres que se apoyan entre sí, hablan con regularidad, pueden contar su verdad y su experiencia y comprobar que no tienen que pasar por esto solas. Esto marca la diferencia».

Recordar: Cuatro consejos para vivir mejor entre mujeres

1. Deja de esperar que las mujeres sean más amables, más delicadas y estén más dispuestas a escuchar.
2. Únete a redes de mujeres en tu empresa o fuera de ella, comparte tu experiencia, ten confianza, aprovecha las tutorías.
3. Comprueba la cultura de la empresa en la que te gustaría trabajar, así como sus programas de liderazgo.
4. Reconoce tus reacciones negativas, a veces bruscas, ante una mujer que «da la talla» y pregúntate: ¿reaccionaría igual si fuese un hombre? Libérate de tus prejuicios al compartirlos con otras mujeres.

8

LA CONFIANZA EN LA PAREJA

> La recompensa por la conformidad es que
> a todos les gustas menos
> a ti mismo.
>
> RITA MAE BROWN

El sentimiento de impostura no se limita al ámbito profesional; puede invadir la esfera privada y hacer estragos en la pareja. Del mismo modo que tememos una cita importante, un ascenso, un cometido que nos pone en el punto de mira, debido a ese momento fatídico en el que todos se dan cuenta de que no estás a la altura, las relaciones amorosas enseguida pueden presentarse como relaciones peligrosas.

Peligrosas porque se ven entorpecidas por todas esas dudas interiores, por el temor de ser «descubierta», por ese sentimiento de no merecer lo que nos llega, esa duda traicionera que puede llevarnos incluso a sabotear una bonita historia de amor. El pánico a no estar a la altura en cuanto las cosas van por el buen camino, el hecho de estar convencida de no merecer a tu pareja, prever el momento en que él se dará cuenta de su error y nos dejará...; muchos síntomas típicos del síndrome de impostura y, más en general, de la falta de confianza en uno mismo.

No estar seguro de uno mismo al principio de una relación o en algunos momentos de ella es una experiencia que compartimos muchas de nosotras. En cambio, cuando estas dudas persisten y dan lugar a un comportamiento que hará que la historia que soñábamos se vaya a pique es hora de reaccionar, dar con el culpable (nuestras creencias tóxicas) y empezar a deshacernos de ellas.

RELACIONES PELIGROSAS

En *Antichrista*, de Amélie Nothomb, Blanche es una adolescente de 16 años acomplejada, inexistente, sin confianza en sí misma, que no puede creer que Christa, la chica más popular, la más optimista del instituto, le eche el ojo... Por desgracia, el angelito resultó ser un demonio manipulador, más Antichrista que Christa.

> Vista desde fuera, mi vida era raquítica; vista desde dentro, inspiraba lo que inspiran los apartamentos cuyo único mobiliario es una biblioteca profusamente llena: los celos de admiración de quien no da importancia a lo superfluo y tiene todo lo necesario.

Ya sea en la amistad o en el amor, cuando nos falta confianza en nosotras mismas, nos sorprende que los demás puedan tener interés en nosotras, sobre todo cuando esos otros desprenden esta confianza de la que carecemos. ¿Qué pasa cuando nuestro estupor se desvanece? ¿Se puede querer a otra persona cuando no nos queremos a nosotras mismas?, ¿cuando sentimos que no estamos a la altura?, ¿cuando nos despreciamos constantemente?

Te quiero pero me odio

Carla, 35 años, es una guapa italiana que acaba de celebrar su décimo aniversario de matrimonio con Jules, que tiene su edad. Él es empresario. Tienen dos hijos.

> Mi marido es tan guapo e inteligente que siempre he tenido complejo de inferioridad y... eso me pone terriblemente celosa. Lo peor es que es sumamente encantador, es un supermarido, un superpapá; no tengo nada que reprocharle. Pero al principio de nuestro matrimonio, la forma en que lo miraban otras mujeres me hacía enloquecer. Entonces empecé a hacer algo muy traicionero y no muy ético: lo atiborré. Cocinaba sus pastas preferidas, añadía aceite, preparaba tiramisús gigantescos. Y cuando al fin vi aparecer su tripita, me sentí satisfecha. No invitaba a ninguna chica mona a casa, pasaba con frecuencia por su empresa para comprobar el físico de sus colaboradores y hacía un *casting* de niñeras... feas. ¡De locos! Hoy me siento avergonzada, pero puedo contarlo porque me he curado; he recuperado mi trabajo de crítica gastronómica y he dejado de espiarlo. También he dejado la cocina abundante, mi marido ha adelgazado, pero yo tengo menos miedo de perderlo...

El síndrome de impostura, si no se trata, no mejorará. Carla se casó con un marido en apariencia «perfecto», lo que no hace más que avivar su complejo de inferioridad y su sentimiento de impostura. ¿Qué hacer para controlar sus emociones y su falta de confianza ante otras mujeres? Lejos de gritar su angustia y verbalizar sus celos, Carla intentó «controlar» a su marido, afearlo para conservarlo, para engañar su miedo a que la dejara. Es una estrategia absolutamente disfuncional. Por suerte, los años han calmado a Carla y una terapia la ha ayudado por fin a confiar en sí misma.

Un enfermo y su medicamento

A veces, una pareja puede parecer algo reparador, como el medicamento que cura nuestra falta de confianza. Pero ¿es esa su función? Y ¿puede hacerlo? Louise ha tardado tiempo antes de comprender que su marido no era el terapeuta que solucionaría su falta de confianza.

> «Tienes que quererte a ti misma, eso es lo primero, etc.» ¿Quererse a uno mismo? ¿De verdad? Pero no se pueden comprender estas frases hasta que no se ha recorrido el camino; de lo contrario, siguen siendo frases huecas. Cuando era joven, estaba muy feliz de existir. Tenía ganas de vivir; me habría comido el mundo. Luego, más bien observé que el infierno eran los demás: mis allegados, en este caso. Mis padres empezaron a hacerme partícipe de sus obsesiones, a repetirme: «Tú estás hecha para casarte y tener hijos...». Es esta exigencia de mis padres lo que ha provocado la falta de

confianza en mí misma. Eso equivalía a decir: «¡Tú sola no vales para nada!». Así que intenté ceñirme al patrón e idealicé el matrimonio, porque tenía que complacer a mis padres creando algo estupendo con mi pareja. Tenía mucho que dar y, egoístamente, me dije que cuanto más diese, más recibiría. Me casé joven, como por instinto de supervivencia; era más que amor, algo absoluto. Me aterraba la idea de no encontrar a alguien con quien casarme. Y, poco a poco, la falta de confianza se instaló.

El error está en pensar que encontrar el *alter ego* resolverá todos tus problemas. Tal vez. Por mi parte, me daba miedo afrontar la vida. Como soy una romántica empedernida, me convencí de que podríamos construirnos juntos, que formar equipo es estupendo. Esperé que mi marido resolviera esa falta de confianza, pero no estuvo dispuesto a asumir ese papel. Hay un lado perverso en algunas personas; cuando ven a alguien que no confía en sí mismo, no pueden evitar hundirlo. Porque ellos mismos tienen sus propias carencias. He necesitado tiempo para entender que su camuflaje es para hundirte. Ahí puedes decir: ¡sálvese quien pueda!

Pero al final todo eso es positivo y me ha permitido recomponerme. He crecido, y por fin, cuando he dejado de buscar el amor incondicional del otro, cuando he dejado de querer vivir solo bajo su mirada, el sufrimiento ha terminado y la confianza ha vuelto. Con 50 años, para ser totalmente sincera, confieso que eso me afectó mucho cuando era más joven. Ahora, mi fuerza está en aceptar mis defectos y mis flaquezas sin reprocharles nada a los demás, conservar ese no sé qué chispeante que hay en mí y que nadie me puede quitar, alejarme de las personas nocivas, vivir pensando en el *carpe diem*, ser buena y empática, justa, y ¡esa es mi confianza en mí misma!

Al ceder a las expectativas de sus padres e interiorizar esta visión que ha idealizado, Louise tuvo problemas para conocerse a sí misma. Sus deseos pasaron a ser algo secundario y eso ha ralentizado el proceso de empoderamiento, descubrir su verdadero «yo», sus aspiraciones, sus valores, sus necesidades. El resultado ha sido una débil confianza en sí misma, donde afrontar la vida solo era posible a través del otro (su marido), considerado como una tirita, una muleta, un medicamento que podría «arreglar todo». El amor entre dos personas no es sinónimo de vivir para el otro o en lugar del otro, sino al revés: fomentar el desarrollo personal de la persona con quien compartimos nuestra vida.

Una vez más, la sociedad y sus mitos no siempre le hacen un buen favor a las mujeres: «Mientras, esperan al príncipe azul, ese concepto publicitario estúpido que crea decepcionadas, futuras solteronas, amargadas en busca de lo absoluto, aun cuando un único hombre imperfecto las puede hacer felices».[1]

Cuando el otro es tóxico

Cuando no confías en ti misma, en un momento o en otro, el objeto de tu afecto se da cuenta. Y ahí, o bien te apoya e intenta a toda costa tranquilizarte, sientes que te quiere y que tu falta de confianza es infundada; o bien, como en el caso anterior, no sabe desempeñar esa función reparadora e incluso se tranquiliza a sí mismo de su propia falta de confianza hundiéndote; o bien es tóxico, manipulador, o simplemente se siente mal consigo mis-

mo y ahí aprovecha tu fisura para existir, por el placer de dominar. Es la experiencia por la que ha pasado Leïla.

Leïla, 24 años, conoció a Thomas, 30 años, durante una maratón. Ambos son deportistas consumados: cuerpo enjuto, autosuperación, estilo de vida saludable y metódico. Leïla también es cocinera en un instituto.

«Varios meses después, Thomas me pidió que me fuera a vivir con él. No podía creer que un hombre como él, guapo, soltero, trabajo ideal en el *marketing* deportivo, pudiera interesarse en una chica como yo. Francamente, aparte del deporte, que se me da bastante bien, yo carecía por completo de confianza en mí misma y tendía a verme insignificante. Así que estaba en una nube. Ignoré muchas prohibiciones; a mi familia nunca le ha gustado mucho que viva con alguien sin estar casada, pero habría hecho todo por él; estaba muy enamorada.

»Después de cuatro meses de vida en común, una noche me agarró la poca carne alrededor de las caderas y me dijo en tono tajante: "Sinceramente, si crees que voy a seguir tocándote con esas cartucheras, estás muy equivocada. ¡Tendremos que deshacernos de esos michelines! Y luego en la cama, ten un poco más de imaginación". Me quedé a cuadros. Corrí más, adelgacé tanto que daba miedo, pero él seguía con sus reproches. Tenía pensamientos negativos. Por suerte, se lo conté a mi mejor amiga, que me abrió los ojos. Una mañana, después de que se marchara, cogí todas mis cosas y me largué. Ni siquiera intentó ponerse en contacto conmigo. Como si el año que habíamos pasado juntos no hubiese existido nunca. Desde entonces, he aprendido a confiar en mí, a respetarme más, y he conocido a un tipo normal que me quiere tal cual soy.»

En una situación semejante, no hay mucho más que hacer que marcharse; eso es lo que Leïla ha comprendido por fin. Si un día tu pareja asegura que no puede tocarte porque estás demasiado gorda para él, un consejo: vete a saborear un trozo de tu pastel preferido. Ese pastel será mejor que todo lo que te pueda aportar ese patán. ¡Ánimo, huye!

Como dice Catherine Bensaïd:

> No temas decir no al silencio, a la ausencia, al sufrimiento. Si la relación no puede continuar es porque, para mantenerla viva, habrías tenido que dar demasiado de tu propia vida. En cuanto lo entiendes, puedes salir victoriosa de una historia de amor infeliz, victoriosa de una batalla que has llevado a cabo contigo misma más que con el otro, feliz al fin de poder decir no a quien te ha hecho infeliz y poder así decir no a tu desgracia.[2]

LA PAREJA MEETIC

Amor 2.0

Según la psicoterapeuta de pareja Esther Perel: «Estamos en una época de consumo romántico, a medio camino entre el negocio y el placer: a menudo las personas me dicen, cuando acuden a una primera cita a través de una aplicación, que tienen la impresión de ir a una entrevista de trabajo».[3] Con mayor razón cuando no confías en ti mismo y te dispones a ser «juzgado por los hechos». Antaño, antes de la era digital, que es la nuestra, dedicábamos tiempo a flirtear, palabra copiada del francés *fleureter*, literalmente 'echar un piropo'. Estos usos de otros tiempos a veces hacen soñar a las mujeres modernas.

Ophélie tiene 35 años. Es el tipo de chica que podríamos calificar como «bomba». Alta, rubia, delgada, rostro angelical. Enseña matemáticas en un instituto. Ha tenido algunos amores fugaces y después tres historias más bien largas, pero siempre han acabado mal: visión dispar sobre el futuro con el novio número uno (Ophélie no quiere hijos), adulterio del novio número dos, fuga del novio número tres, que, por cierto, la desplumó. Con la confianza en sí misma por los suelos y tras un largo periodo de soledad, Ophélie decidió modernizarse y se apuntó a aplicaciones de citas.

«Al principio, era bastante excitante. Después de publicar mi foto, recibí muchísimos me gusta. Tuve que responder a una docena de hombres que coincidían con mi perfil. Vivían en la misma ciudad que yo, eran bastante guapos y tenían profesiones interesantes. Nos vimos tomando una copa o comiendo. Algunos me llamaron para saber si podían "pasar por mi casa"; les propuse otra cita en la ciudad, que declinaron sistemáticamente..., y jamás los oí hablar de sí mismos. De sexo o nada. Otros no volvieron a llamarme después de la primera copa. Sinceramente, no sé qué es más humillante: los que solo quieren acostarse o a los que no les gustas cuando solo te han visto una hora. Di este paso porque estaba sola, no quedaba con nadie (mis amigas tienen pareja o se buscan la vida como yo), y porque empezaba a perder la confianza en mí misma. Esta experiencia ha sido fatal para mi ego y ha saboteado aún más mi confianza. Como si fuera poco interesante, indigna de ser amada, fea o caduca... Eliminé mi perfil de la aplicación después de diez días y no volveré a hacerlo. Tal vez sea demasiado mayor para este tipo de encuentros. Y además eso "desromantiza" todo; me siento juzgada como un objeto. Al menos, cuando salía con alguien una noche, si me pedía mi número y me llamaba, me sentía deseable, aun cuando eso no funcionara después. Mientras que allí te elegían de un catálogo (bueno, también es cierto al revés), y si no hay química de inmediato, te rechazan. En fin, he intentado recuperar la confianza en mí misma porque, cuando se desprende esta confianza, hay más posibilidades de que se note, aunque no es algo fácil.»

Huir de la felicidad por temor a que se escape

Podríamos pensar que, en la actualidad, el síndrome de la impostora perdona a las chicas jóvenes, guapas y brillantes que prosperan en el trabajo. Nada de eso. Es lo que nos explica Félicie, 26 años, bloguera de moda que tiene éxito a nivel profesional.

Salgo con Max (30 años) desde hace dos años y vivimos juntos desde hace ocho meses. Me apasiona mi trabajo. Tengo una confianza en mí misma a prueba de balas y no dudo en insistir lo que haga falta con tal de conseguir entrevistas con las celebridades de la moda. En cambio, en cuanto traspaso el umbral, me convierto en una chiquilla frágil y, como en una película mala, me transformo en una bruja y acabo montándole a Max escenitas desproporcionadas por cosas seguramente sin importancia, pero que en ese momento me sacan de quicio. Si tengo un nuevo conjunto y no me hace un cumplido, si se duerme antes que yo, si habla bajito por teléfono..., empiezo a comerme el coco, a temblar, busco la prueba que confirmará lo que creo desde nuestro primer beso y que se reduce a la cuestión: ¿qué hace en realidad conmigo? Me da vergüenza admitirlo, pero también he registrado su teléfono en busca de un mensaje sospechoso. No me quitaré de la cabeza que Max podría tener a quien quisiera. Es fantástico y brillante. Y antes de mí, solo ha salido con rubias altas. Yo soy muy morena, ¡a lo Eva Longoria! Sé que abrirá los ojos, se dará cuenta de que se ha equivocado y que yo no valgo la pena: ¡hay tantas chicas mejores que yo! Mis ataques es lo único que paradójicamente me tranquiliza, porque, a pesar de que él se exaspera, Max siempre acaba por hacer que me sienta mejor y me dice que me quiere, que le importo y que por nada del mundo desearía estar con otra persona. Sin embargo, esas disputas, con declaraciones de amor obtenidas después de pedirlas, me tranquilizan en ese momento, pero acaban por dañar nuestra relación. Objetivamente, me doy cuenta, pero no puedo evitarlas; son más fuertes que yo. Tengo este miedo, esta duda de no ser «la» persona adecuada para él, esta certeza de que acabará dejándome. Gracias a una terapia, he comprendido de dónde provenían mis inseguridades, he comprendido que esa duda me definía y protagonizaba todo, este desastre de chica a la que no valía la pena querer, sumida en mecanismos de defensa obsoletos. El temor a que Max me rechace me llevaba inconscientemente a estallar antes. Ahora, he logrado cambiar mi percepción de mí misma y darme cuenta de mi valía. Max me ha ayudado mucho. He aprendido a confiar en él, a creerme sus halagos. Nos ha llevado tiempo, pero lo hemos conseguido.

Los celos, signo de profundo malestar

En la película *Algo celosa*, de David y Stéphane Foenkinos, Karin Viard interpreta a una mujer de 50 años al borde de un ataque de nervios, profesora de clases preparatorias de letras, divorciada, que cree que no volverá a gustar a nadie nunca más. Menos celosa que envidiosa, amargada, frustrada, tiene tantas ganas de vivir y de ser amada que se convierte en una bruja para su entorno; siente celos de su propia hija y pone en práctica todas sus capacidades para fastidiar.

Es la metáfora de duda de uno mismo llevada al extremo...

Se puede consentir sin querer

Con el maremoto del #MeToo en Estados Unidos y el testimonio de Adèle Haenel y de Vanessa Springora en Francia, se ha señalado la violencia contra la mujer. Y en medio de esta violencia surge la delicada cuestión del consentimiento, a la que no es ajena la falta de confianza en uno mismo y la autoestima. Cuando se tiene una mala imagen de uno mismo es difícil hacerse respetar.

A una mujer que no se quiere le resultará difícil rechazar las insinuaciones de un hombre, como si su opinión no contara. Y el problema del consentimiento es especialmente problemático en las adolescentes.

Según un sondeo de la Agencia Nacional de Salud Pública[4] de Francia realizado a quince mil personas, las relaciones sexuales de las adolescentes no siempre son deseadas.

- Un 10,7 % de las chicas (un 6,9 % de los chicos) consideran que su primera relación sexual fue «aceptada, aunque no realmente deseada».
- Un 1,7 % de las chicas (un 0,3 % de los chicos) consideran que su primera relación sexual fue forzada.
- Solo el 26 % de las chicas tuvieron su primera relación sexual motivadas principalmente por el deseo; para la mayoría de ellas (54 %), el amor es lo primero.
- A los 15-17 años, el 8 % de las chicas (el 1 % de los chicos) han tenido relaciones sexuales forzadas o intentos de relaciones sexuales forzadas.
- Estas cifras aumentan hasta el 14 % para las chicas (el 5 % para los chicos) de 18-19 años.

La agencia sanitaria ha lanzado una campaña sobre el consentimiento sexual titulada «*Ok no ok*».[5] Y es que existe una zona nebulosa entre el consentimiento y la violación. Es fácil entender la dificultad del consentimiento bien «explicado» en un periodo frágil como la adolescencia. Vulnerables, sin su caparazón de langosta (del que habló Dolto), las chicas quieren ser adultas sin tener códigos; tienen miedo de que su novio las deje si se niegan, miedo de pasar por calientabraguetas si no llegan hasta el final, por mojigatas si no hacen lo mismo que las demás... y por una cualquiera si aceptan. Por miedo a contrariar, cruzan límites que no quisieran cruzar, lo cual es una señal evidente de falta de confianza en sí mismas.

Para Nathalie Bajos, socióloga e investigadora en el Inserm:

> Existe una diferencia de consentimiento entre las mujeres y los hombres, debido a las normas sociales sobre la sexualidad, muy sexistas, que todavía dictan prácticas y comportamientos distintos. El consentimiento se aprende, se construye; no es innato, y los jóvenes han incorporado estereotipos de género. Según estas normas, los chicos tendrían necesidades sexuales irreprimibles, mientras que la sexualidad de las chicas se concibe a nivel afectivo. Y aún puede observarse en la actualidad: ellas suelen tener su primera relación con alguien que, si ya no es necesariamente su primer marido, posee todos los atributos sociales y simbólicos. La relación consentida no es binaria; se puede consentir aunque sin quererlo.[6]

Consentir sin querer. El matiz es sutil pero básico. Esta es la razón por la que hay que educar a los jóvenes sobre su cuerpo, sus deseos, su confianza en sí mismos. «La idea de una campaña sobre el consentimiento es importante —continúa Nathalie Bajos—. Es un tema que se debe abordar ampliamente. Los jóvenes deben estar preparados a la idea de que no están obligados a decir sí, y si se piensa antes, siempre es más sencillo.»

Explicar este tema a los jóvenes es esencial. De lo contrario, la falta de confianza puede empeorar y más tarde debilitar la confianza sexual.

LA FALTA DE CONFIANZA AFECTA A LA SEXUALIDAD DE LAS MUJERES...

... y a la de su pareja. Esto es lo que nos cuenta Guillaume, 40 años.

> Mi relación con Amélie arrancó a toda velocidad en lo que respecta al deseo y la pasión que sentíamos el uno por el otro. De lo que no me di cuenta en ese momento es de que ella nunca quería desnudarse del todo. Llevaba siempre un top, y aunque podía tocarla por todas partes, no quería que me acercara al pecho. Consideraba que sus pechos parecían «dos huevos fritos». Nada de lo que alarmarse. Enseguida fuimos a vivir juntos. Amélie llevaba picardías sexis, pero aún no estaba preparada para mostrarme los senos. En aquel tiempo, no intenté hacerla cambiar de opinión, pese a que en mi interior crecía la frustración, que se volvió incluso una obsesión. Pero no decía nada; no quería herir sus sentimientos. Pero el sexo entre nosotros era demasiado sistemático. Ella no quería perder el control, se dejaba llevar por el placer si mis manos, por descuido, rozaban uno de sus pechos. Ese complejo se agudizó con el paso de los años. Si me aventuraba a halagar su cuerpo, me saltaba al cuello y gritaba que mis cumplidos no eran más que mentiras. Entonces intenté abordar «El pro-

blema», pero ella se las ingeniaba para cambiar de conversación. Decía que el problema era mío, que tenía expectativas desproporcionadas, que los niños podían oírnos hablar de eso y que era embarazoso... Fue hiriente. Yo no me veía como un tipo retorcido, sino más bien como alguien apasionado y enamorado. No teníamos hijos en común; ella tenía dos con su exmarido y yo uno con mi exmujer. Por lo tanto, a menudo estábamos solos cuando los niños estaban con el otro progenitor. Al cabo de varios años, esta sexualidad bajo control empezó a pesarme. Reinaba un clima de tensión que a ella le gustaba y salía ganando; cualquier conversación acababa con broncas que escondían el verdadero problema.

Aparte de ese complejo físico, quiero mencionar también su complejo de inferioridad. Siempre me he sentido muy orgulloso de ella, de su carácter tenaz, divertido y chispeante. Pese a todo, cuando salíamos con amigos, me decía que no se sentía cómoda, sentía que no estaba a la altura a nivel intelectual. Jamás lo he entendido.

Durante unas vacaciones en Turquía, reservó una habitación con dos camas individuales con el pretexto de que necesitábamos dormir. Aun cuando era cierto —ambos estábamos cansados a causa de una intensa vida profesional—, la historia de las camas individuales era infantil. Me sentí humillado.

Poco después, me anunció triunfal que había decidido ponerse implantes mamarios. Pasada la operación, consintió en enseñarme y dejarme tocarle los pechos. Tuve la sensación de tocar dos cuerpos extraños, separados de su propio cuerpo. Al fin me había dado permiso, como a un niño. Pero ya era tarde y, al mes siguiente, nuestra historia terminó.

El cuerpo del delito

Las mujeres se presionan hasta en la cama. Los complejos que las hacen compararse con otras mujeres las afectan hasta el punto de refrenar su sexualidad. La sexóloga y psicóloga Olivia Benhamou[7] nos habla del caso de Tiphaine, 37 años, que acude a la consulta con su marido, con el que vive desde hace diez años. Tienen dos hijos de 4 y 7 años. La sexualidad ha sido siempre un tema delicado entre ellos: a Tiphaine le cuesta mucho aceptar su cuerpo, que considera demasiado grueso, complejo que se agudizó tras el nacimiento del hijo menor.

> Ella rechaza actualmente cualquier contacto físico con Simon, excepto en la oscuridad total y llevando camisón. Simon le reprocha que no es muy tocona con él, mientras que sí lo es con sus hijos. Él ya no soporta que ella esté acomplejada hasta el punto de aceptar tener relaciones sexuales solo a toda prisa, donde todo se ha de hacer a oscuras y sin preliminares. Tiphaine le prohíbe, en efecto, acceder a su cuerpo; lo único que acepta es la penetración. Tiphaine explica con mucha dificultad que no se soporta a sí misma, que no entiende que su marido aún se sienta atraído por ella, y que teme que la rechace si «la ve tal cual es». Su marido, por su parte, le pide que tome más iniciativas en la vida en general y en su sexualidad en particular. Se siente muy solo, ya que ella no muestra ninguna ternura hacia él. Sueña que un día Tiphaine pueda desearlo y decirle lo que ella quiere, lo que le gustaría que él le hiciese. Tiphaine se siente incomprendida, lo que aumenta su ansiedad y la aleja cada vez más de su marido. Atribuye sus dificultades a una primera experiencia

amorosa y sexual con un chico que la rechazaba constantemente y criticaba su físico (sobre todo el tamaño y la forma de sus pechos). Ella jamás ha podido superar el recuerdo de esta experiencia que la ha debilitado especialmente en el plano narcisista.

La situación de Tiphaine es un ejemplo habitual de dificultades de relación y sexuales provocadas por una falta de confianza en uno mismo. Este es un ingrediente indispensable para una sexualidad plena: confianza en uno mismo, confianza en el otro, para poder dejarse llevar por la seducción, el deseo y el placer. Ninguna sexualidad se puede vivir sin un estado simultáneo de excitación y relajación. Pero ¿cómo relajarse y confiar en el otro, en la pareja, si no se confía mínimamente en uno mismo? ¿Cómo encontrar la predisposición psíquica para dejarse vencer por el deseo y la excitación de un momento de intimidad sexual compartida?

Olivia Benhamou dice:

> En la clínica moderna de los problemas sexuales femeninos, las mujeres se quejan sobre todo de problemas de deseo: eso puede tomar forma de falta de deseo sexual, de una falta de interés general por la sexualidad, de una ausencia de fantasías, de inhibiciones relacionadas con la educación o con la cultura nativa. Los pensamientos ansiosos y, en general, todos los que son negativos y que tengan por objeto uno mismo o preocupaciones externas son los peores enemigos de la sexualidad, ya que la imposibilitan. Para poder hacer el amor hay que «tener la cabeza en eso». Sin hablar de un deseo espontáneo (que

sería lo ideal), podemos crear las condiciones para facilitar una disposición al amor físico. ¡Pero hay que quererlo!

Cuando examinamos con las mujeres su historia sexual, a menudo vemos una historia de desamor consigo mismas que empieza muy pronto en su vida, con complejos sobre el físico (demasiado gorda, demasiado delgada, demasiadas formas femeninas, no las suficientes...) y la interiorización de discursos despreciativos sobre la sexualidad, heredados con frecuencia de las mujeres de la familia. Si nos gusta «eso», entonces seríamos poco respetuosos con nosotros mismos... El inicio en la vida sexual de esas mujeres a veces se produce de manera demasiado precoz, no siempre consentida, o, por el contrario, de manera más tardía. El hecho de haber estado soltera mucho tiempo, o de haber tenido muy pocas parejas, también puede crear una incertidumbre y angustia en relación con el sentimiento de falta de experiencia. Eso mantiene el miedo a tener relaciones sexuales y aleja todavía más una visión positiva de la sexualidad. Ellas suelen tener la idea de que no son «buenas compañeras», que son incapaces de proporcionar placer, y les cuesta aceptar la idea de que alguien pueda desearlas.

La confianza en uno mismo afecta a las relaciones con el otro, pero tal vez aún más a las relaciones consigo mismo. No seríamos dignos de amor: de amor a uno mismo, pero también de amor al otro. La falta de confianza afecta, por tanto, a la capacidad de centrarse en uno mismo, permitirse explorar el cuerpo, apropiárselo, saber identificar lo que sentimos, física y psíquicamente (las emociones y las percepciones corporales). Como si no pudiésemos confiar en nosotros mismos. O como si nuestro cuerpo no fuera un asunto suficientemente interesante o mereciera interés.

Esas mujeres que no se quieren sufren al final por ser ajenas a su propio cuerpo, y de este modo pueden maltratarlo de muchas formas: mediante conductas alimentarias tóxicas (todos los excesos, desde la anorexia a la bulimia), mediante falta de cuidados, e incluso, sin saberlo, mediante una pérdida total de sensibilidad corporal, casi una anestesia. El cuerpo ya no siente ni el hambre ni el dolor, y así también se vuelve hermético al placer. Los sexólogos saben muy bien que muchísimas mujeres tienen problemas de deseo debido a que no llegan a reconocer las señales del deseo y de la excitación que prenden en su interior. ¿Cómo saber lo que puede llevar al placer y buscarlo si la mera idea del placer es insoportable? ¿Si la idea de explorar su cuerpo es impensable? ¿Si se consideran no aptas para la sexualidad?

Recordar: Siete consejos para confiar en uno mismo dentro de la pareja

1. Nunca te lo repetiremos lo suficiente: ¡deja de compararte!
2. Deja de pensar que has tenido suerte, que no te mereces esta historia de amor. Crea tu propio filtro de amor, mírate al espejo y repítete lo mucho que te quieres. ¿Es ridículo? Qué importa; nadie te ve.

3. Los celos no son nunca la solución correcta. Y el miedo no evita el peligro.
4. ¡Quiérete a ti misma!... Fácil de decir, difícil de aplicar. Lee *Aime-toi toi-même. Et peu importe avec qui tu te maries*, de Eva-Maria Zurhorst.[8] ¡Todo un planazo!
5. Aplica la política del *carpe diem*. ¡Del *hic et nunc*! No por poner fin a esta historia irá mejor con la siguiente. Concéntrate en el presente y, si no lo consigues, acude a una consulta.
6. No mezcles las expectativas de los demás con las tuyas. Ni padres ni marido deberían entorpecer el autodescubrimiento.
7. Si amas a una mujer que no confía en sí misma, escucha «Aime-la», de France Gall, pues «L'amour est capricieux, il est difficile / Il passe et il se casse, il est si fragile / Est-ce que tu sais quand il est là / Tu sais quelle chance tu as».*

* «El amor es caprichoso, es difícil. / Pasa y se rompe, es tan frágil. / Sabes cuándo está ahí. / Sabes la suerte que tienes». *(N. de la t.)*

9

CRIAR A LAS HIJAS EN LA CONFIANZA PARA ROMPER LA CADENA

A todas las niñas:
nunca dudéis de que sois valiosas y poderosas.
Merecéis todas las oportunidades del mundo,
así que ¡perseguid vuestros sueños!
HILLARY CLINTON

Cuando se ha experimentado la falta confianza en primera persona, es muy probable que se quiera cambiar la tendencia al convertirse en madre (ya sean niñas o niños, por lo demás). Dado que muchos psicólogos coinciden en reconocer el papel determinante de la infancia, podemos intentar hacer de este periodo un terreno fértil y propicio para la confianza en uno mismo.

CÓMO CONTRARRESTAR NUESTRO PROPIO PASADO Y LA SOCIEDAD

No repetir los esquemas

Los padres jóvenes a veces se dan cuenta de que, a su pesar, repiten palabras o actos que reprochaban a sus propios padres. ¿Estamos condenados a repetir los errores de nuestros padres? ¿A transmitir nuestra falta de confianza a nuestras hijas? La mujer, cuando se convierte en madre, vuelve a ser también la niña que fue y reproduce algunos retazos de su propia historia. Debido a su educación y a la relación con su propia madre (o con las mujeres que tuvo cerca cuando era pequeña), ha grabado en su interior palabras y actos. Ya sea porque no es consciente y repite los esquemas, ya sea porque es consciente y se forja una personalidad por oposición, da un giro de ciento ochenta grados y trata de pensar y criar a su hija de forma diversa, en la autoestima y la confianza en sí misma. Pero esto exige reflexionar sobre uno mismo, algo de lo que no todo el mundo es capaz. A menudo, la realidad tiene más matices.

Reconocer la personalidad única del niño

Laurence Gutenmacher, psicóloga clínica, especialista en infancia y adolescencia, nos explica nuestro condicionamiento y la forma en la que podemos contribuir a fomentar la confianza en sí mismas de nuestras hijas.

Para criar a una hija en la confianza, primero hay que reconocer que la niña es tu hija, pero no una extensión de ti: es una persona en toda regla y hay que verla con sus cualidades, sus defectos y su peculiaridad. Debemos determinar su personalidad y acompañarla, ayudarla a ser ella misma para que crezca sana en su ser. Para las niñas, esto puede ser una nueva forma de pensar, en relación con las expectativas o las categorías en las que se clasifica a las niñas y a las mujeres. Darle la libertad de ser ella misma le permite ser acorde con lo que es y por ende sentirse bien, sentirse aceptada tal como es, y eso infunde por fuerza confianza. No creo que haya que educar a los hijos sin tener en cuenta su género, porque vivimos en una sociedad y no vamos a oponernos a ella, no vamos a ir en contra de las diferencias biológicas y fisiológicas, pero, por otro lado, significa dar libertad a las niñas para que puedan acceder a algo más, poder decirles que nada está cerrado, que pueden ser boxeadoras si quieren, en la medida en que las represente, claro está.

Romper los estereotipos asociados a las niñas

Entre 1994 y 1999, se llevó a cabo un programa de investigación europeo, dirigido por la asociación Du côté des filles, en Francia, Italia y España[1] a partir de 537 cómics juveniles, básicamente franceses, para comprender el proceso de representaciones y transmisión del género. La diferencia entre los sexos se expresa en un determinado número de imágenes estereotipadas. El delantal se atribuye a la madre. Las gafas caracterizan la inteligencia o la vejez. El sillón simboliza el poder patriarcal y el descanso después de una jornada laboral. Las mujeres son o guapas o inteligentes. Periódicos, carteras...; todo tiene connotaciones sexuales. De modo que cuando, en una segunda fase del estudio, presentamos a los niños ilustraciones de osos asexuados ataviados con características marcadas, se conforman con los estereotipos.

Muchos otros estudios han confirmado las asimetrías entre los chicos y las chicas. Aun cuando las representaciones han mejorado desde las primeras princesas de Disney (Blancanieves y su predilección por la limpieza, Cenicienta y sus sueños de baile y su ropa frívola), se observa que todavía hoy las chicas tienden a estar representadas de forma más pasiva, en su casa, a menudo con hermanos y hermanas a los que tratan con ternura y maternalmente, mientras que los chicos se representan en el exterior, con amigos más que con la familia, y haciendo travesuras con frecuencia.[2] Difícil construir la propia personalidad en la valentía y abrirse a descubrir el mundo cuando se crece con semejante condicionamiento.

Más sorprendente todavía:

> [...] el tipo de animales elegidos para encarnar cada sexo es también una forma de lograr un valor diferencial. Con mayor frecuencia se imagina a los héroes de sexo masculino en la piel de animales poderosos o tal vez más presentes en el imaginario colectivo de los niños, como los osos, animales de la sabana, lobos o conejos. Por el contrario, las heroínas se representan más con rasgos de animales pequeños o insectos, como los ratones o las avispas.[3]

Ratones, avispas, animalitos... encantadores, bastante inofensivos, que dificultan que se infunda una ráfaga de confianza en sí mismas en las niñas que se identifican con ellos. Básicamente, es más bien una incitación a la discreción...

Libros para enseñar a las niñas que se puede confiar en una misma

- Elena Favilli y Francesca Cavallo, *Cuentos de buenas noches para niñas rebeldes*, vol. I, traducción de Ariadna Molinari, y vol. II, traducción de Graciela Romero, Editorial Planeta, 2017-2018.
- Sophie Bienvenu, *La Princesse qui voulait devenir générale*, Les Éditions de la Bagnole, 2017.
- Mr Tan y Globulle, *Mortelle Adèle* (serie de cómics), desde 2012.
- Astrid Lindgren, *Pippi Calzaslargas*, traducción de Blanca Ríos, Editorial Juventud, 2002.
- Quino, *Mafalda*, Ediciones El País, 2005.
- Geneviève Brisac, *Monelle et les footballeurs*, L'École des loisirs, 2000.
- *Marie Curie, Rosa Parks, Simone Veil, Olympe de Gouges ou Frida Kahlo*, Quelle Histoire Éditions.
- Y para las más mayores: Malika Ferdjoukh, *Quatre sœurs*, L'École des loisirs, 2010.

Nada está escrito

¿Por qué y cómo se manifiesta la falta de confianza en la niña? Se pueden dar dos supuestos. Puede ocurrir que, por diversos motivos, una madre sea «negligente»: porque está enferma, porque tiene depresión, porque está ausente. Esto da lugar a problemas de apego. Laurence Gutenmacher afirma:

> En el apego, cuando una madre es negligente, causa problemas en el desarrollo de las niñas porque no se pueden identificar con una madre reconfortante en la que pueden confiar. En una familia, cada uno desempeña su papel; la madre tiene que asumir el suyo y a veces el padre se lo ha de dar. El papel no es necesariamente estricto. Ante todo, cada uno ha de tener su lugar. A partir del momento en que la madre tiene un espacio, así como el padre y el niño, se dan todas las condiciones para que haya confianza.

Éloïse[4] tiene 8 años y no tiene muchas amigas. No se lleva muy bien con su madre.

«Prefiero estar con papá. Estoy siempre con papá, porque mamá no es buena; siempre dice no.» La madre explica que, cuando nació su hija, sufrió una depresión, que el padre tomó el relevo, pero no supo establecer normas. Al crecer, la niña excluye a su madre porque no confía en ella: tiene miedo de que la «deje» otra vez, que vuelva a caer enferma. Se protege rechazándola. Cuesta establecer el vínculo. La madre sufre por no tener su lugar.

«En el día a día, la primera relación del niño es con la madre que lo alimenta. El bebé tiene necesidades fisiológicas importantes: come, duerme. En esa primera fase del desarrollo afectivo hay muchos aspectos en juego, además de los fisiológicos: la madre no puede alimentar a su hijo, el niño no quiere comer, la madre se siente culpable, etc.

»En el caso de Éloïse, la madre no ha podido dar seguridad a su hija o ha pasado por alto, sin querer, las necesidades de su bebé. La relación es débil, ha empezado mal, y como el padre dice sí a todo, no se aprende de la frustración. Entre estos dos extremos, hay que volver al equilibrio. La madre se siente culpable; sabe que parte de ese problema viene de ella, y esta culpabilidad le impide acercarse a su hija. Por su parte, la niña no quiere ir con su madre porque tiene miedo de que aún sea débil; no ha comprobado que pueda ser de otro modo... Hay que trabajar con las dos a la vez: con la madre, para que entienda que su hija la necesita, que puede ser su madre y que se va a cambiar el vínculo, y con la hija. Para que los lazos sean reconfortantes, es necesario que la niña se sienta protegida; aceptarán acercarse la una a la otra, mimarse, etc.»

Una mujer que carece de confianza en sí misma también puede transmitir esta falta de confianza a su hija, porque no siempre sabrá darle los códigos para que se desarrolle plenamente. Pero todo eso se puede adaptar, mitigar mediante la personalidad de la niña y el padre.

Aunque la madre tenga debilidades, algunas niñas encuentran su sitio. Luego se las puede ayudar a ser lo que son. Y es convirtiéndose en lo que son cuando su confianza aumenta: nos apegamos a lo que somos, y no pretendemos encajar en un patrón o en expectativas que no nos corresponden, sin salir de normas totalmente aceptables y sociales. He observado que si la madre ha sido lo suficientemente reconfortante durante la primera infancia, entre los 0 y los 6 años, al margen de la etapa de desarrollo, eso daba confianza a los niños.

Es lo más tranquilizador, lo que puede restablecer por completo el sentimiento de confianza en un niño, porque los niños tienen tiempo para ellos. ¿Qué es una fisura de tres semanas, de seis meses o de un año a lo largo de la vida? Puede llegar a convertirse en un adulto equilibrado. Nada está decidido, nada está escrito; los niños impiden su desarrollo si algo no funciona y puede hacer que pierdan confianza, pero en cuanto se soluciona, continúan creciendo.

Los padres... y las tareas domésticas

La generación de confianza supera con creces el vínculo creado por la madre: la sociedad y el padre desempeñan un papel importante. Si el padre o los hombres de la familia tienen una visión que desvaloriza a la mujer, si no se comportan respetando y reconociendo las cualidades y los valores de su mujer o su compañera, es evidente que la niña incorporará esta estructura que pondrá freno al desarrollo de su confianza inherente.

Según un estudio sorprendente realizado[5] por los investigadores Toni Schmader, Katharina Block y el profesor Andrew Baron del Departamento de Psicología de la Universidad de Columbia Británica, los padres que ayudan en las tareas domésticas son más propensos a criar niñas que aspiran a carreras menos tradicionales y, en teoría, mejor remuneradas. En otras palabras, el modo en que los padres comparten las tareas domésticas juega un papel clave en la definición de las actitudes y aspiraciones de género de sus hijas. Aunque las convicciones de las madres en materia de igualdad personal e igualdad profesional sean factores esenciales para predecir la actitud de los hijos, el factor predictivo más determinante de las aspiraciones profesionales específicas de las niñas es el enfoque de su padre en lo referente a ¡las tareas domésticas!

Conclusión: si quieres que tu hija tenga ambiciones y confíe en sí misma, pídele a su padre que friegue los platos, haga la colada y limpie.

Los vientos del cambio se elevan poco a poco. Un estudio de la London School of Economics[6] muestra que los padres de niñas en edad escolar son más partidarios de la igualdad entre hombres y mujeres, como si al estar en contacto con sus hijas, sobre todo cuando empiezan el colegio, se volvieran menos sexistas: se observa una disminución del 8 % en el esquema tradicional del hombre que trabaja y la madre que se queda en casa cuando su hija empieza la enseñanza primaria, y del 11 % cuando empieza la secundaria. Ciertamente, aún queda mucho por hacer, pero es bastante alentador, como señalan los investigadores, «cómo ser padre de una hija permitía entender mejor las dificultades a las que se enfrentan las mujeres y las chicas en la sociedad, lo que supone un cambio importante en las actitudes de los hombres acerca de las funciones de cada género».

La escuela: ¿siempre sexista?

Después está la escuela: las niñas son más brillantes, eso es indiscutible (en todos los países occidentales, actualmente obtienen más títulos que los hombres),[7] pero luego no necesariamente acceden a los puestos de responsabilidad. En 2012, la igualdad vuelve a ser una prioridad en Francia, con la creación de un Ministerio de Derechos de la Mujer. En 2013, la Educación Nacional experimenta en seiscientas clases el programa ABCD de la igualdad, que tiene por objeto socializar de manera igualitaria a los niños que asisten a los colegios y otros centros de aprendizaje colectivos y de ocio. Destinado a promover la igualdad entre niñas y niños en la escuela, este programa se abandonó en 2014 como resultado de virulentas críticas procedentes sobre todo de la extrema derecha y de detractores del matrimonio entre homosexuales, que denunciaban la introducción de una «teoría de género» que negaba las diferencias sexuales. No obstante, además de su interés para los alumnos, obligaba a los profesores a reflexionar sobre este tema y su importancia.

En 2017, un informe del Alto Consejo para la Igualdad de Mujeres y Hombres indica que la escuela sigue siendo demasiado sexista e insiste en la necesidad de formar a los profesores en la igualdad niñas-niños.[8] En los manuales escolares, persisten los estereotipos de género y las mujeres no quedan excluidas de ellos. «En la lectura de primero de primaria, el 70 % de los personajes representados que cocinan o limpian son mujeres y solo el 3 % de los personajes ilustrados en profesiones científicas son femeninos», señala Danielle Bousquet, presidenta del Alto Consejo para la Igualdad.

> Y el 56 % de las interacciones con los profesores en el colegio van destinadas a los niños, en su beneficio y en detrimento de las niñas. Y si las opciones de orientación son *a priori* muy abiertas, el campo de posibilidades es de hecho más limitado para las niñas. A pesar de tener unos resultados escolares mejores que los niños, ellas se concentran en un abanico más restringido de cursos y los profesores las empujan menos a seguir una rama de ciencias. Además, al final de cuarto de ESO, siete de cada diez chicos se inclinan por una rama de ciencias y cuatro de cada diez chicas, por una de letras. Pero lejos de echarles la culpa a los profesores, el Alto Consejo para la Igualdad precisa que esta perpetuación de reflejos sexistas es inconsciente en ellos y que lo único que permite obtener resultados es trabajar en el tema.[9]

Ser conscientes de las debilidades

Recapitulemos. Se pone en marcha una espiral de interacciones: el vínculo familiar, la relación de cada madre con su hija, la educación, los hombres en torno a esta niña, los discursos más bien denigrantes que la encasillan en roles, como la madre que lleva un delantal y hace pasteles; por último, la sociedad, que concederá o no algunas libertades, algunos sueños a esta niña.

«A partir del momento en que somos conscientes de la falta de confianza —nos cuenta Laurence Gutenmacher—, trabajamos prácticamente en ese "defecto". Lo único que falta es que destaquemos nuestras cualidades. Ser consciente ya es tener el deseo de encontrar una solución.»

NUEVAS MIRADAS SOBRE LA PARENTALIDAD

En 1970, el psicólogo estadounidense Fitzhugh Dodson publica *El arte de ser padres*.[10] Superventas en todo el mundo, destaca la importancia del lenguaje en la educación de los hijos. Françoise Dolto también pensó que el lenguaje lo era todo, pero, en su opinión, todo se presentaba mucho antes de los 6 años. Para el pedopsiquiatra Marcel Rufo, esta idea demasiado definitiva suena como una sentencia firme cuando los niños tienen una segunda o incluso una tercera oportunidad.

En la actualidad, los pedopsiquiatras han echado por tierra algunos principios de Dolto y rechazan aquel según el cual todo se presenta antes de los 6 años. Pero todos coinciden en la importancia de las relaciones familiares en general, y de los padres en particular, en el fomento de la confianza en los niños. Y en decir que infundir esta confianza suele pasar por el lenguaje, así como por el tono de la voz, la intención, la elección de las palabras e incluso la postura.

Gracias a las neurociencias afectivas y sociales, gracias a descubrimientos recientes de científicos, ahora comprendemos mucho mejor el papel de la educación y la repercusión de nuestros comportamientos y las palabras que empleamos en el cerebro del niño. Sabemos que este cerebro es plástico, es decir, que todas las vivencias del niño determinarán el modo en que se conecta, su funcionamiento.[11]

Por eso tenemos que estar atentos a las palabras que usamos (y al modo en que las usamos) con los niños, en especial con las niñas, a fin de evitar las repeticiones familiares y sociales. Ese es el propósito de la disciplina positiva, cuyo interés es ayudar a incrementar aquello en lo que nos concentramos; en lo que a nosotros respecta, la confianza en uno mismo. Vamos a ocuparnos de dar recursos al niño, más que límites. En lugar de decir «no», intentaremos enseñarle al niño cómo hacerlo.

Los padres respetuosos y alentadores de manera incondicional tendrán una hija radiante. Reunión con Sonia Sieff, fotógrafa[12] y cineasta.[13]

> Mi padre y mi madre han convertido todas mis diferencias, todas mis particularidades, incluso físicas, en virtudes. Jamás me dije: «Soy demasiado delgada» o «Tengo un napión». Ellos nunca han señalado lo que podría ser un defecto. A través de sus ojos, me animaron a ser diferente y eso ha fomentado mi confianza. Todo lo que escribía siempre era increíble; lo que hacía, magnífico, como mucho, sorprendente. Tenía la sensación de estar en un libro de Roald Dahl. Creo que la primera vez que vi a mis padres fruncir el ceño fue el día en que les mostré mis retratos para un restaurante. Mi padre me dijo,

básicamente: «Está bien, pero tal vez no mereces una exposición en la Mep[14] a los 18 años». Creía sinceramente que era la reina del mundo, lo que me proporcionó una inmensa confianza en mí misma, pero no por ello me sacó de dudas. Aún hoy, cuando me encuentro ante alguien que podría cuestionar algo fundamental, escucho, pero a medias. Si la intención es constructiva, la tengo en cuenta, pero si el único propósito es hacerme vacilar, la elimino. Debo a mis padres y a su educación esta base de confianza en mí misma. Claro está, pensaba que la vida sería fantástica y, al final de la adolescencia, descubrí que la gente puede ser malvada, incluso cruel. Me di cuenta de que me habían educado en una burbuja maravillosa y confortable que no era, a mi gran pesar, real. ¿Y si esta confianza no fuera más que un escaparate para ocultar la duda que me invade? Soy extremadamente lúcida y hago mía esta cita de René Char: «La lucidez es la herida más cercana al sol». Sé cuándo tengo que ponerme al día para poder progresar; me juzgo constantemente, soy intransigente conmigo misma y con los demás, disciplinada; creo mucho en el trabajo duro, pero en un clima de ligereza. Creo en esta alianza mágica, ya que los mejores no muestran hasta qué punto todo está estudiado, pensado y currado. Ocultar el esfuerzo para hacer frente a la vida con elegancia, como un bailarín de claqué. Hay mucho de mi padre en mí. ¡Qué suerte!

Lecciones de la disciplina positiva

Caroline Pflimlin,[15] *coach* de vida certificada y facilitadora capacitada en disciplina positiva, dirige talleres de *coaching* parental. Al descubrir este enfoque parental cuando se convierte en madre de una niña, que tiene 4 años, se da cuenta de que el estilo de crianza afecta al niño y se alegra de que se pueda intelectualizar el papel de los padres con instrumentos muy sencillos. «Mientras que en el ámbito profesional nos vemos "recompensados" con un salario, evaluaciones e incentivos, ¿cómo saber si en mi vida de progenitor hago lo justo, lo adecuado, lo que es eficaz a largo plazo si nadie me evalúa?»

Caroline decide formarse en *coaching* y en disciplina positiva, un enfoque de la parentalidad basado en las teorías de Alfred Adler (médico y psicoterapeuta austriaco, padre de la psicología individual). Ha accedido a darnos las claves de este enfoque.

Un lenguaje nuevo

> Creo que a través de las fisuras se vislumbra la luz. Cuando nos convertimos en padres, no estamos preparados. El enfoque de la disciplina positiva ha sido una revelación para mí porque descubrí que podíamos hablar de otro modo a los hijos y que la forma en que lo hacíamos y las palabras que usábamos podían precisamente crear una cierta confianza en sí mismo, pues cuando nos queremos con nuestras virtudes y nuestros defectos, pensamos que estamos en el lugar que nos corresponde en la sociedad. Nadie me había hablado así y descubrí de repente otro lenguaje. Durante los talleres parentales, siempre se habla en francés, se usan las mismas palabras, pero nunca se habla el mismo idioma. Así que es como cuando aprendes otra lengua. El proceso de aprendizaje es aún más sorpren-

dente porque nuestros padres nunca nos han hablado así, pero ya que hablamos así con nuestros hijos, cuando les llegue el momento de ser padres, no necesitarán aprender esta nueva lengua; ya la conocerán y habrán incorporado los instrumentos, y la hablarán espontáneamente.

Una forma de educación democrática que aúna firmeza e indulgencia

Existen diversos estilos de crianza; los más habituales son el estilo autoritario y el permisivo. En el estilo autoritario, el progenitor es estricto. Da órdenes que los hijos están obligados a obedecer, y después recompensas o castigos. En contraposición, el estilo permisivo da mucha libertad a los hijos, sin límite alguno. El progenitor cede o renuncia, y al niño le faltan directrices constantes.

Hoy conocemos los peligros de una educación punitiva, carente de empatía. Entre otras cosas porque las emociones que causa el castigo estimulan el circuito del estrés e impiden que el niño reflexione sobre lo que ha hecho. La memoria funciona, es cierto, pero el niño memoriza el estrés, el miedo, la ira, y no solo lo que desencadenó el castigo. No obstante, sabemos hasta qué punto puede afectar el estrés: «Cada vez que castigamos al niño lo humillamos, lo hacemos sufrir, y eso entorpece el buen funcionamiento del cerebro», recuerda Catherine Gueguen. En Francia, la Ley de 10 de julio de 2019 ha prohibido incluso a los padres la violencia física y psicológica contra sus hijos...

En la disciplina positiva, buscamos el lado democrático:

- resaltamos el pensamiento del otro;
- ayudamos al niño a entender el equilibrio entre la libertad y sus límites.

El estilo democrático aboga por un enfoque firme e indulgente; es un «y», no un «o». La firmeza y la indulgencia es como el hecho de inspirar y luego espirar; no se elige uno u otro; ¡necesitamos los dos para vivir!

Las convicciones

¿Las claves de la disciplina positiva? Educar con firmeza e indulgencia, pero también entender lo que son las «convicciones».

> Desde la infancia, se estima que lo que nos dicen nuestros padres es justo, que es la verdad. Poco a poco, desarrollamos una visión del mundo en función de la que ellos tienen de nosotros. Si nos dicen: «Eres un angelito, es muy agradable pasar un rato contigo», el mensaje que interpretamos como justo y legítimo es: «Soy alguien simpático». Si decimos: «Sinceramente, ese trabajo ha sido duro y lo has hecho bien, lo has conseguido; ¿ves?, es difícil, pero tú puedes», el mensaje también se incorpora y esta suma de mensajes forma las convicciones. Y en función de esas convicciones, hacemos nuestra propia lectura del mundo. Así pues, el valor que fomentamos en nosotros

mismos durante la primera infancia tendrá consecuencias a largo plazo en el adulto joven cuando llegue al mundo empresarial, por ejemplo.

Ni autoridad ni permisividad

Si el progenitor utiliza sistemáticamente un estilo autoritario, el niño puede desarrollar un sentimiento de miedo y de culpabilidad. Volviendo a nuestro tema de la confianza en uno mismo, es un modo de parentalidad contraproducente: el niño o la niña tendrá dificultades para autoafirmarse, saber decir no, ya que temerá que dejen de quererlo. Los castigos, como hemos visto, pueden causar una baja autoestima y el niño ya no se considerará una «buena persona». O tal vez quiera ser el jefe, pues ha aprendido que es así como se obtiene lo que uno quiere.

Caroline Pflimlin señala:

> Al practicar un estilo permisivo, ese mismo niño considerará que está por encima de las normas. La frustración y el esfuerzo serán intolerables. Será el centro del mundo sin tener en cuenta las necesidades de su entorno. Paradójicamente, también puede preocuparse, pensando que si su padre o su madre no es capaz de meterlo en la cama, ¿cómo podrá defenderlo si entra un ladrón en casa?

Su espacio en el círculo

Además del estilo de crianza, las órdenes positivas o negativas y las convicciones, el otro ingrediente principal de la disciplina positiva es la pertenencia a un círculo. La familia es el primero. Según Caroline Pflimlin:

> Cuando tenemos un sentimiento de pertenencia, con nuestras virtudes y nuestros defectos, cuando desempeñamos un papel en la familia, ese sentimiento se reflejará en la empresa y en el mundo. Por ejemplo, en la película *Los chicos del coro*, no todos los niños saben cantar: hay un crío mucho más pequeño que los demás, pero lo han incorporado al grupo para que lleve las partituras, le han concedido un papel. Hacerle entender al niño que él aporta algo para que la familia funcione bien, con buenas palabras, es básico.

El lenguaje es, por lo tanto, fundamental, al igual que el grado de apego que desarrollamos con nuestro hijo. Dado que no conseguimos corregir lo que sea ni hacer comprender lo que sea al niño solo con nuestra cabeza, la idea es conectarse con el corazón. Hablar con empatía es la clave para empezar cualquier diálogo.

Respeto y empatía

La empatía es la piedra angular de cualquier relación; es fundamental en la educación. Un progenitor empático sabe reconocer sus propias emociones: ¿por qué ante este u otro comportamiento de mi hijo reacciono de esta o esa manera? Esta empatía con nosotros mismos nos permite ser empáticos con nuestro hijo: podemos entonces sentir y entender sus emociones, para acompañarlo mejor. Caroline Pflimlin explica:

> Por ejemplo, cuando el niño vuelve del colegio podemos decirle: «Estás cansado, lo entiendo (reconocimiento de sus emociones); ¿quieres hacer los deberes antes o después de merendar (elección)?». Nos conectamos con él porque nos ponemos en su lugar, mostramos empatía. La parentalidad consiste en un 80 % de apego y un 20 % de mostrar el camino. Si este apego existe, cuando haya dificultades en la familia, se conseguirá resolver los problemas con más facilidad.

Es básico no humillar al niño. El respeto que manifestamos como padres determinará el respeto que el niño mostrará hacia sí mismo. Caroline Pflimlin continúa:

> Cuando llegamos al *burn-out*, cuando estamos a disgusto en la empresa, ¿es porque no hemos conseguido decir: «No, no me merezco que me hables de este modo» o «No me merezco que me des una tarea a las siete de la tarde para el día siguiente»? Si al niño no le han enseñado que lo respeten, si nuestras elecciones y nuestras capacidades no se han valorado, ¿cómo respetarse a uno mismo?

El niño al que no se respeta en su individualidad vive con la única preocupación de complacer al otro, por miedo al adulto, por miedo a una reacción demasiado autoritaria. Tiene la impresión de que él no cuenta.

Por ejemplo, ¿qué hacer cuando un niño tiene un comportamiento inadaptado, dicho de otro modo, «hace una tontería»? Podemos expresar nuestra desaprobación con firmeza, pero sin juzgar a la persona: el niño entiende que su comportamiento no es aceptable. Pero su progenitor no lo humilla. El día en que él se verá en esta situación, de adulto, con otra persona, mostrará su desagrado en lugar de callar u optar por la agresividad o los insultos.

Las recomendaciones de la disciplina positiva

Gracias al enfoque democrático, se establece un verdadero equilibrio entre la firmeza y la indulgencia, se deja espacio a la elección, para preparar al niño de modo que controle una parte de la situación dentro de los límites marcados por el progenitor. Por ejemplo: «Tengo que hacer una llamada importante. Puedes quedarte callado en el salón o salir unos minutos. Tú decides». Este estilo tiene en cuenta una cierta libertad y los límites. Permite el equilibrio entre los derechos y las responsabilidades, y anima a que el niño decida por sí solo. O incluso: «Sé que a vuestro grupo de chicas le encantaría ir a dormir a casa de Chloé el viernes y también ir al cine el sábado. Dos noches seguidas es demasiado. Puedes salir el viernes o el sábado. Elige tú».

De este modo, el niño aprenderá que puede participar en las decisiones y que su opinión importa, unido a una responsabilidad. Eso no quiere decir que haya que considerar la opinión del niño en cualquier decisión. Eso significa que, cuando sea pertinente y adecuado, hacerlo partícipe de un proceso de decisión contribuye a su autoestima.

Si tu hijo te dice: «He terminado mi trabajo; no sé qué hacer para acabar mi presentación». Más que afirmar: «Yo lo haría así», pregúntale: «¿Qué crees que podrías hacer?». Dado que también él tiene cerebro, es mejor hacer preguntas, en vez de darle una orden o un consejo no solicitado que le corta una parte de las alas. Hacer en lugar de un niño las cosas que puede hacer por sí solo es quitarle la oportunidad de descubrir de lo que es capaz con el fin de fomentar la confianza en sí mismo. ¡Evita hacerle el bocadillo o su maleta![16]

Las convicciones, siempre

Volvamos a las convicciones. Cada niño crea una visión y una interpretación del mundo que depende de sus convicciones, que desarrolla desde la primera infancia. Su comportamiento posterior dependerá de la conciencia de su valía y de sus competencias para contribuir al funcionamiento de nuestra sociedad. Las convicciones darán origen a pensamientos y emociones invisibles que conducirán a determinados comportamientos y a sus consecuencias más que evidentes.

> Si le dices a una niña: «¡Venga! ¡No pasa nada! ¡Puedes conseguirlo, confío en ti!», incorporará la convicción de que alguien cree en ella y en sus logros. Por el contrario, si le dices: «No es fácil que una niña pueda hacerlo, pero, bueno, inténtalo..., a ver qué pasa...» o «Deja que tu hermano abra la botella; tiene más fuerza que tú...», la cría interpretará que ser una niña no supone ninguna ventaja. Las convicciones positivas o negativas (hablamos entonces de convicciones «limitadoras») tienen un lado irracional. Durante uno de mis talleres, una participante bajita me confesó que su padre le había dicho: «Las chicas bajitas son inteligentes». Adivina quién era la primera de la clase...

Las convicciones son un elemento imprescindible para entender e influir en los comportamientos. Van seguidas del temperamento, la herencia, el rango familiar, el entorno y los roles que se atribuyen a los niños y a las niñas. Como padres, tenemos que prestar atención a no dejar que nuestras ideas preconcebidas dicten o justifiquen el comportamiento de nuestra hija. Tan solo tomar conciencia del modo en que le hablamos es ya un primer paso importante.

Caroline Pflimlin nos ofrece algunas experiencias que han tenido los participantes de sus talleres.

> Al volver a su casa, un padre preguntaba sistemáticamente: «A ver, niños, ¿quién ha terminado los deberes?». En vuestra

opinión, ¿qué dedujo la única hija de la fratría, que oía esta frase de forma regular? Al preguntárselo hoy, se da cuenta de que, de pequeña, pensaba que los estudios eran para los niños. Más tarde, no lo hizo...

Al salir del cine, una niña le dijo a su progenitor: «He llorado cuando el niño se ha caído del árbol». El progenitor le responde: «¡Yo también! Fue triste, ¿no?». Durante la misma sesión de cine, un niño de la misma edad se frota los ojos. Su progenitor se ríe y le dice: «¿Por qué lloras? Eres un hombrecito; ¡solo es una película!». Aquí, la niña incorporará la creencia de que mostrar sus emociones es normal para una niña, no así para un niño. Esos padres hablan así de manera inconsciente, hasta que un día comprenden las consecuencias a la larga. Por eso, al igual que cuando se aprende un nuevo idioma, prestar atención al modo en que nos dirigimos a nuestra hija es un primer paso importante.

La escucha activa

¿Cómo corregirla? El padre que pregunta a sus hijos por sus deberes ¡puede limitarse a incluir a todos los hermanos! En lugar de juzgar lo que es justo que sienta una niña al salir del cine, el progenitor puede limitarse a hacer una «escucha activa», es decir, expresar con palabras lo que ha sentido el niño, sin juzgarlo. ¡La escucha vale más que un consejo! Un consejo no ayudará a tu hija a resolver un problema; en cambio, si la escuchas, le ofreces un espacio de reflexión.

La escucha activa es una forma de reconocer los sentimientos de tu hija, respetarla, con el fin de que encuentre una solución por sí sola, lo que fomentará la confianza en sí misma.

- La primera etapa en la escucha es usar tu lenguaje corporal, para mostrar que estás escuchando (inclinarte o sentarte a su lado). En todos los casos, deja lo que estés haciendo y mírala;
- en una segunda etapa, escucha las palabras que ella usa, pregúntale qué «siente» y qué la ha llevado a ese sentimiento;
- por último, se trata de repetir lo que has entendido, a modo de espejo.

La escucha tiene dos ventajas:

- la primera es que la presencia de un adulto que sabe escuchar hace que el niño se sienta mejor. Se siente comprendido, respetado y sabrá expresar la legitimidad de sus emociones en la vida;
- la segunda es que el niño aprenderá, a través de tu ejemplo, a saber decir «no».

Otro ejemplo que aporta Caroline es el del progenitor que dice a su hijo:

> «Me doy perfecta cuenta de que quieres quedarte más tiempo en esta velada porque lo vas a pasar muy bien, pero la hora de volver no es negociable. ¿Cómo te vas a organizar y regresar a tiempo?» Tu hijo aprenderá ese

lenguaje de firmeza y de indulgencia, sabrá manifestar sus necesidades, al tiempo que sabrá poner límites, ya que te habrá oído hablar así. Tú pones tus límites y le dejas a él una parte de la decisión, dentro de tus limitaciones. Es un aprendizaje por imitación, una especie de educación silenciosa.

EL PESO DE LAS HIJAS

Jackie Kennedy le decía a su hija: «Eres gorda. ¡Jamás encontrarás marido!»[17]. La violencia de estas palabras muestra lo valioso que es para una madre tener una hija delgada. Por el contrario, tener una hija gorda se percibe como un fracaso; la madre se pregunta dónde ha fallado. Muchas mujeres ponen a su hijita a régimen, le prohíben los pasteles y los dulces, le controlan su alimentación. Esta privación en la infancia tendrá, por consiguiente, efectos desastrosos en la adolescencia, con posibles episodios de anorexia. Es fundamental que las madres no confinen a sus hijas en el miedo a engordar, con la instrucción de que hay que ser delgada para ser guapa (¡ya se encargará muy pronto la sociedad de hacerlo!). Las hijas no pueden ser el espejo de su madre, materializar sus logros o sus fracasos, menos aún «solucionarlos».

Por el contrario, pese a una consideración positiva, una madre puede darse cuenta de que su hija se desprecia: «Estoy demasiado gorda», «Tengo el pecho feo», etc. Es fundamental estar atenta al sufrimiento de la hija, escucharla y encontrar explicaciones «racionales», no emocionales; en definitiva, permanecer más bien neutral.

- Intenta obtener más detalles. Pregúntale: «¿Dónde te ves gorda? ¿De dónde te viene esta idea?»;
- habla. Describir bien su percepción permite no caer en la simplificación. Resulta útil escuchar sus críticas, pero no dudes en contrarrestarlas pidiéndole también que se quiera a sí misma: su cabellera a lo Jennifer Aniston, sus cejas a lo Cara Delevingne o incluso su altura, que le permite jugar a baloncesto como una profesional...
- insiste en el hecho de que nuestro cuerpo nos permite hacer un sinfín de cosas;
- por último, no olvides elogiarla por otros aspectos aparte de su físico: su sensibilidad artística, su ingenio, su facilidad para hacer amigos... Su valía no se mide por su peso.

A una chiquilla de 8 años que está un poco por encima de la curva de peso y que se queja de estar gorda dile: «Tú no estás gorda. Aún no has llegado a la estatura definitiva, por lo que tu cuerpo acumula reservas; es normal. Eres guapa como eres». Presta atención a que no se atiborre de pasteles y refrescos, pero, aparte de eso, evita montar un «pollo», un escándalo; mantén una cierta distancia ¡y humor!

OTROS INSTRUMENTOS

El poder del mimetismo

Los niños se mueven por mimetismo —asegura Caroline—. Tener un progenitor con una cierta confianza en sí mismo le ayuda también a tenerla. A los niños les encanta ver a sus padres hacer cosas que muestran su confianza en sí mismos, ya sea bailar, embarcarse en un nuevo proyecto, etc. Si el niño oye a uno de sus progenitores expresarse con voz firme por teléfono, por ejemplo, cuando habla de negocios, podrá servirle de inspiración cuando viva una situación parecida. El padre o la madre será un ejemplo o un contraejemplo. Cuanta más confianza tenga el progenitor, más puede dar. Ocuparse de uno mismo no es egoísmo; cultivar lo bueno que hay en nosotros, porque tenemos todo para triunfar, repercutirá en nuestros hijos según el principio de los vasos comunicantes. Tenemos derecho a ocuparnos de nosotros mismos para estar mejor, y tenemos derecho a fracasar, que no es más que una oportunidad de aprender. Esta es la famosa frase de Mandela: «Yo nunca pierdo. O gano o aprendo».

El aliento

El aliento es un instrumento maravilloso que, a través de tus palabras, impulsará a tu hijo a confiar en sí mismo. Podrá ser consciente de sus cualidades o conocer sus límites en determinados ámbitos sin por ello poner en tela de juicio su valía personal. Un niño con autoestima sabe que lo quieren de forma incondicional. Sentirá que está a la altura de las circunstancias y no tendrá miedo a la hora de probar algo nuevo si su progenitor se lo propone, por ejemplo, como una magnífica oportunidad de aprender. ¿Mis recomendaciones? Hacer observaciones sobre «ser competente». Los comentarios acerca de ser competente ayudan a los niños a sentirse «capaces», a generar confianza en sí mismos y a experimentar una sensación de seguridad. Para que no se diluya, el mensaje ha de ser breve, aunque también concreto y generoso, es decir, auténtico: «Sé que puedes conseguirlo. Venga, enséñame cómo lo harías. ¿Podríamos sentarnos juntos y pensar en una solución? Estoy seguro de que tú también tienes buenas ideas». Por el contrario, un comentario sobre ser incompetente sería: «¡Siempre igual! ¿Qué es lo que no te entra en la cabeza para que no lo logres?» o «No puedo más con tu comportamiento! ¡No saldrás!».

Además, para reforzar que el niño tenga una imagen positiva de sí mismo, hay que darle apoyo de forma constante. Dile con frecuencia que confías en él, para que él confíe en sí mismo. Alentar al niño es mostrarle que lo aprecias como es, que lo quieres, que sabes de lo que es capaz: «¡Magnífico! ¡Has subido al árbol tú solo!». Mencionar sus progresos: «¡Escucha cómo consigues cantar sin desafinar!». Mencionar una de sus cualidades: «¡Tienes un auténtico don para hacer amigos!». Hay que diferenciar, no obstante, la adulación del aliento. El aliento se da durante la carrera; todos tienen derecho, incluso si se han quedado atrás; la adulación se da en la meta.

La adulación se basa en la acción y pone de relieve el resultado. Por tanto, el niño puede deducir de la adulación que es «capaz» solo si «hace» algo. Esas frases profieren un juicio y tu hijo puede pensar que depende de la opinión de los demás. La adulación le enseña a agradar a los demás para que lo acepten. No hay en realidad nada malo en ello, excepto si esto hace que crea que hay que complacer a los demás para tener valía. El aliento se basa en la persona. Es una especie de regalo que se da en el camino y no solo cuando el niño haya alcanzado un logro. Hace hincapié en el modo en que se comporta el niño y en sus cualidades personales, independientemente del resultado. Así, el niño se sentirá querido de manera incondicional y no estará ligado a la opinión de los demás. «Tengo la sensación de que has trabajado mucho para avanzar, aunque hayas contado con la ayuda de un profesor. ¡Puedes sentirte orgulloso!»

Cortar el cordón

La confianza también consiste, cuando llegue el momento, en soltar, cortar el cordón, y algunos padres no lo hacen porque ellos satisfacen las necesidades de su propia lógica interna. Ya se trate de nuestros hijos o nuestras hijas, darles toda nuestra confianza no es una palabra hueca. Pero, por supuesto, dado que las hijas han pasado por mucho, forjadas por generaciones de estereotipos, ¡no dudes en duplicar la dosis!

Reconocer las frases que pueden condicionar o encasillar a las hijas en un papel es ya un trabajo enorme. Inconscientemente, podemos decir cosas machistas. Así pues, hay que prestar el doble de atención al modo en que nos dirigimos a las mujeres, porque las malas costumbres, las malas fórmulas están tan arraigadas en nuestro modo de vida y de educación que ya ni siquiera las oímos. Reconocer que no criamos niños, sino futuros adultos y difundir así los mensajes adecuados, equitativos y respetuosos, independientemente del género. El día en que volarán del nido llega muy pronto. En ese momento, ¿con qué aptitudes y competencias querrías que partieran? ¿Qué querrías que recordaran? ¿La habitación ordenada o el ambiente acogedor de la casa? ¿Un progenitor demasiado autoritario o demasiado permisivo? ¿O su actitud alentadora, respetuosa y predispuesta a escuchar?

Y Caroline Pflimlin concluye:

Jamás hemos oído un panegírico fúnebre en honor de una mujer, fallecida demasiado pronto, que haya tenido una carrera ejemplar y haya ganado mucho dinero. Lo que quedará al final es la luz que ha podido aportar a quienes han vivido con ella, su alegría de vivir comunicativa, su entusiasmo o la confianza en la vida que inspira.

Cultivar la confianza en sí mismas de tus hijas es un estado de ánimo, una filosofía. Para ellas, es un pasaporte para la vida.

Enseñar a las hijas su valía...

Normalmente, las niñas aceptan la idea de casarse con el monstruo cuando son muy pequeñas, menores de 5 años. Se les enseña a cerrar los ojos y, en su lugar, a dedicarse al coqueteo, sean hermosas o no. Es esta educación la que impulsa a la menor de las hermanas a decir: «En el fondo, su barba no es tan azul», este aprendizaje precoz que exige a las mujeres «ser buenas» y que acaba ocupando el lugar de su intuición. En ese sentido, se les enseña simple y llanamente a someterse al depredador. ¡Imagina una loba enseñando a sus cachorros a «ser buenos» ante un hurón agresivo o una serpiente de cascabel![18]

¿Qué tengo que enseñarle a mi hija?
Las cinco capacidades fundamentales

1. Quererse.
2. Respetarse.
3. No dejarse encasillar en los estereotipos.
4. Atreverse a actuar.
5. Saber autoafirmarse.

¿Qué progenitora debo ser con mi hija?
Los diez mandamientos

1. Demuéstrale que la querrás siempre.
2. Aprende a escucharla.
3. Muestra empatía.
4. Confía en ella de manera incondicional.
5. Apóyala, anímala a enfrentarse a sus actos.
6. Acepta sus fracasos y ayúdala a que los acepte.
7. Acéptala tal como es.
8. No la desprecies.
9. Sé a la vez diplomática, pedagoga y orientadora.
10. Sé un ejemplo de confianza en una misma.

10

EL PODER DE LOS EJEMPLOS

> Mírate. Eres libre.
> Nada ni nadie está obligado
> a salvarte excepto tú.
> Toni Morrison

Al final de esta obra, hemos decidido hablar de mujeres que no temen ni la duda ni los errores cometidos. Se sienten bien en su piel, en su trabajo, en su vida. Nos sorprenden por su espontaneidad. Nos cruzamos con ellas en los vestuarios del gimnasio, donde se sienten a gusto, sin por ello darse aires de superioridad; en las reuniones de trabajo, donde intervienen sin pestañear; en las cenas, donde defienden su punto de vista sin dejarse torear. Son inspiradoras por su aparente facilidad para ser ellas mismas. En un mundo en plena reevaluación de géneros, allanan el camino a otras mujeres.

¿Han trabajado en sus conflictos internos y sus convicciones limitadoras? Desde luego. Han tenido la valentía, en un momento dado, de no dejarse atrapar más por el pseudoconfort que proporcionan esas convicciones. Se han abierto, en cambio, a otras interpretaciones. Para hacer eso, han experimentado varios factores desencadenantes: una discusión que pasa a ser una revelación y aclara de repente la situación, una lectura, un *shock*, una crisis... De una u otra forma, han sabido, con sus dificultades y sus contradicciones, tomar un nuevo rumbo, un camino que las lleve adonde quieren ir. Predominan dos tipos:

- **la optimista por naturaleza**, que se acepta y lo asume. Manifiesta un gran conocimiento de sí misma, acepta su parte vulnerable y aprende de sus errores. Los defectos se aplauden y no se reprimen en la parte más lejana de la consciencia. Se quiere tal como es, o casi. Ha encontrado su camino y no le da importancia a la culpabilidad. Su gentileza y su curiosidad son prueba de una flexibilidad emocional y relacional que permite abrirse a los demás y al mundo. Saber decir no, poner límites, atreverse a analizar su interioridad; todo ello constituye su fuerza. Vive con una relativa sensación de paz consigo misma, y si un cambio provoca un desequilibrio, se adapta;
- **la *badass*** (palabra de la jerga inglesa que se puede traducir por 'dura de pelar') es la versión extrema de la optimista por naturaleza. Fuerte y sin complejos, no duda en alardear de sus logros sin temor a no gustar. Femenina a su manera, deliciosamente irreverente en cuanto a las formas de femineidad clásicas, no intenta complacer a

> cualquier precio, sino que expresa sus diferencias con un punto de audacia que la hace irresistible. Es difícil no apreciarla, ya que es inspiradora y su espontaneidad es contagiosa. Para ella, recibir golpes es casi regenerador; le aporta la energía necesaria para afianzar sus deseos y sus proyectos. No se muerde la lengua y avanza destruyendo los prejuicios, superando los obstáculos que pueden interponerse en su camino. Está bien consigo misma. No duda en hacerse oír, se preocupa poco por impresionar. «Soy como soy y no tengo que disculparme por ello» es un poco su mantra.

Las revistas femeninas y las redes sociales están llenas de mujeres inspiradoras. La idea no es contemplarlas con envidia, sino imitarlas. Gracias a un efecto espejo, su energía nos dará fuerza, sus palabras animarán nuestras frases, su coraje influirá en nuestros actos y celebraremos sus triunfos como esbozos de los que nos esperan.

Lo hemos visto a lo largo de este libro: el síndrome de la impostora y la falta de confianza en una misma no son irreversibles. Identificar nuestros defectos, nuestros miedos, es ya un paso para resolverlos. Queda trabajo por hacer, pero está a punto de escribirse un nuevo paradigma femenino; nos tropezamos con muchas *badass*, siempre las ha habido, a decir verdad: Marie Curie, Amelia Earhart, Rosa Parks, Simone de Beauvoir, Beate Klarsfeld o Malala Yousafzai. Pero la confianza y las ganas de formar parte del mundo no son un atributo exclusivo de los nobeles o de las mujeres famosas. Estamos rodeados de mujeres que nos muestran el camino. El tren del cambio está en marcha, así que ¡súbete!

CÓMO LO HACEN LAS MUJERES QUE CONFÍAN EN SÍ MISMAS

Que nadie se resigne

Fanny Grangier tiene una trayectoria profesional muy variopinta: empresaria, ha creado una marca de moda (Moodkit). También es consultora de empresas, creadora del método «Avatar Héroïque» y poetisa («La Chagrâce»). Se presenta como una optimista apurada, con dos cosas importantes: el amor y la acción.

> Estoy obsesionada con la acción y la liberación del potencial. Para mí, la cuestión de la confianza en uno mismo es fundamental: no soporto la sensación de inhibición; voy muy lejos para atajar ese sentimiento. Cuando tengo un proyecto nuevo, en lugar de desarrollarlo en secreto, con tranquilidad, descuelgo el teléfono, organizo una cena con todas mis amigas y anuncio la gran noticia: «¡Este es mi nuevo proyecto!». Para combatir mi tendencia natural a renunciar, me obligo a decirlo alto y claro. De jovencita, llegué muy motivada al mundo empresarial, con ganas de expresarme. Y me vi en estructuras jerarquizadas, patriarcales, con un jefe que decidía por todos, donde era normal poner en su sitio a los jóvenes. Pero dentro de mí hay un alma de guerrera. Recuerdo que a veces, por la noche, me

derrumbaba; pero a la mañana siguiente llegaba otra vez con mi energía de leona, lista para volverme a lanzar al ruedo. Tal vez había comprendido que esa sería mi vida, enfrentarme a diario a personas que intentarían tumbarme, tumbarnos. Me di cuenta de que eso sería difícil, que a veces la gente me apoyaría para utilizarme, y que era necesario que transformara eso en una fortaleza.

Para mí, la negrura de la falta de confianza está en la resignación, en aceptar doblegarse, languidecer, apagarse, no ser más que un pedazo de nosotros mismos, pequeñita en una diminuta caja. He repetido a menudo este esquema: me dejo encerrar en una cajita, luego me doy cuenta de que es demasiado pequeña para mí y hago presión para salir. No puedo eludir el problema, necesito afrontarlo; es mi lado combativo. Y sin embargo, busco tanto la paz, la armonía, la ligereza, la belleza, la simplicidad, que prescindiría de buen grado de esta lucha.

No puedo aceptar que me limita. Miles de veces en la vida he estado muy cerca de verme limitada y de quedarme ahí, porque se puede encontrar una forma de confort; lo peor que podemos hacerle a una persona es darle demasiado confort y protección. Para mí, la confianza en uno mismo es precisamente ser capaz de arriesgarse, de atreverse, salir de la zona de confort, y para ello es necesario afrontar un cierto vértigo. Cuando nos acostumbramos al confort durante demasiado tiempo, a una protección, es peligroso; no protegemos a nadie. Más que estar protegidos, necesitamos estar abiertos, inspirados, ser libres, desnudarnos ante nosotros mismos. La protección puede ser una prisión. Confiar en uno mismo es asumir un riesgo, ir más allá de lo que conocemos; si no, ¿cómo lo probamos?

El fracaso es normal, relativo, efímero. Pero la sensación de fracaso se ha de superar. Para ello, es necesario fomentar la confianza, despacio, con las experiencias vitales. Por mi parte, ha sido muy importante conocerme, para identificar esos momentos en los que me atraviesa una emoción negativa: sensación de fracaso, languidez, frustración, disminución de mi identidad, la impresión de no estar en mi sitio... El otro trabajo ha consistido en conocer bien mis fortalezas, mis valores y en determinar mi misión en la Tierra. Cuando elucido mi campo de posibilidades, lo hago identificando mis fuerzas naturales, sobre las que sé que puedo contar, y mis valores. Para algunos, es la justicia, la verdad o la libertad... He hecho un trabajo personal, una reflexión, no psicoterapia, pero me he planteado muchas cosas. Ahora que he identificado claramente mis fortalezas y que sé el sentido que le quiero dar a mi vida, crear belleza, porque es ahí donde me siento útil, esa es mi misión, al menos la de este momento; me apoyo en esas fortalezas y en esas debilidades, tomo impulso y puedo superarme y confiar en mí misma.

Cuando era adolescente, era un animal social, una cabecilla, dotada de un liderazgo natural. En tercero de ESO, todo cambió. A causa del alcohol y las drogas. De repente, las personas que molaban eran las que fumaban, bebían o se drogaban. Y yo estaba totalmente en contra de eso. Me convertí en la chica anticuada. Ya no tenía ni mi sitio ni verdadera confianza en mí misma: estaba en un callejón sin salida.

Los avatares

Un día, sin embargo, me vi en medio de otros adolescentes teniendo que responder a la pregunta: «¿Qué quieres hacer más adelante en la vida?». Respondí un poco fuera de lugar: «Quiero ser Janis Joplin». En aquella época, estaba pasada de moda, pero para mí era el icono de lo guay: se permitía ser ella misma, con todos los atributos conocidos de la droga. A partir de ese momento, jamás volví a sentir la necesidad de justificarme por no beber, etc. Había incorporado la fuerza y el poder de Janis Joplin. Fue mi primer avatar.

La idea de un avatar es decirse «Me creo un *alter ego*», que es una representación simbólica de mis fortalezas, mis valores, de mi misión en la Tierra. Y que carece por completo de mis defectos, mi historia, las relaciones con mi familia, mis amigos, mis fobias, etc. Es un concentrado de cualidades, sin defectos. Cuando me enfrento a una sensación de dificultad, de languidez..., me apoyo en mi avatar. Es un atajo que le doy al cerebro y que le permite tratar la información con mucha mayor rapidez. No tiene que analizar la situación; le digo que solucione el problema. De hecho, no es un falso yo; es la mejor versión de mí. A esto lo llamo el punto de impulso, el momento en que, para actuar, me apoyo en este lugar ligeramente firme que hay en mí. Eso me permite superarme, en el buen sentido.

Los modelos

Busco modelos en las mujeres. Durante mucho tiempo, los buscaba en los hombres. Hice mi tesina de Literatura sobre la literatura comprometida y solo hablé de hombres. Mi biblioteca era exclusivamente masculina. Cuando me percaté, fui a buscar literatura femenina.

La primera que hizo que me entraran ganas de montar mi empresa fue Anita Roddick,[1] fundadora de The Body Shop. Leí su biografía[2] y eso me dio buena energía. Luego me inspiraron Christiane Singer y Louise de Vilmorin. Vilmorin me fascina. Fue una mujer muy querida; tenía un salón. Inteligente y vivaz, poetisa, graciosa, interesante, en una época en que las mujeres no se expresaban realmente. Estaba comprometida con Antoine de Saint-Exupéry, luego lo dejó y acabó con André Malraux.

Estoy rodeada de muchísimas mujeres: me encanta organizar cenas de mujeres, reunir a mujeres que no se conocen; me siento muy orgullosa. Mis amigas se conocen todas, se caen bien y se enriquecen mutuamente, y eso fomenta la confianza en uno mismo. Mediante esas cenas establecemos lazos, confianza en uno mismo, ganas de verse, de cambiar, de abrir horizontes, y nos inspiramos las unas en las otras. Lo que cuenta es la emoción. Cambio mi mente porque me emociono, me conmuevo.

A menudo me dicen: «No, pero tú, tú confías tanto en ti misma; todo debe de ser sencillo». ¡Qué va! No soy tímida, es verdad, pero la confianza en uno mismo no tiene nada que ver con eso. Para mí, es algo que se experimenta al salir de la zona de confort, de protección, de la burbuja.

¡Basta ya de *mentrification*!

Vanessa Badham, escritora y cronista para el periódico *The Guardian*, definió así este neologismo:

> Si la gentrificación describe el proceso según el cual se *mejora* la sociedad para que se adapte al gusto de la burguesía, la *mentrification* logra transformar el principio de igualdad asumiendo el papel y las proezas de las mujeres en la historia y adornándolas con falos.[3]

La *mentrification* designa entonces el proceso de invisibilización del que son víctimas las mujeres en la historia.

> Hedy Lamarr es el típico ejemplo de una mujer despojada de su creación científica. Esta actriz hollywoodense de los años treinta, conocida por su vida escandalosa, inventó además la técnica del salto de frecuencia, utilizada en el GPS y la wifi. «El ejército estadounidense rescató su patente y explotó su descubrimiento justo después de la Segunda Guerra Mundial. Su genio fue reconocido solo décadas más tarde. Hasta entonces, solo se la recordaba como la mujer más bella del mundo», señala Isabelle Collet, socióloga de la Universidad de Ginebra y antigua informática. [...] Sin embargo, las mentalidades empiezan a cambiar. En 2009, una periodista británica presentó la jornada Ada Lovelace (desarrolló el primer programa informático en el siglo XIX), para rendir homenaje a esta brillante matemática. El 12 de junio de 2019,

la NASA rebautizó la calle donde se encuentra su sede de Washington en honor de tres matemáticas negras de los años sesenta cuyo trabajo resultó ser valioso en la carrera espacial de Estados Unidos. Su historia se cuenta en la película *Figuras ocultas*.[4]

¿Es arriesgado mostrar confianza en uno mismo?

Mostrar confianza en uno mismo sigue siendo un arma de doble filo para las mujeres. La sociedad nos anima a hacerlo; es la actitud imprescindible para tener oportunidades reales de triunfar en la vida. Las mujeres lo saben, pero también saben que si hacen alarde de sus logros con demasiada frecuencia y con demasiado ruido, la desaprobación estará ahí. Pueden poseer todos los tesoros de la confianza en sí mismas; si carecen de un toque de empatía y sensibilidad, las mujeres se arriesgan a que les pongan freno y las juzguen de nuevo, lo que perjudicará a su empujón profesional. Las normas de los géneros aún persisten y mantienen el sentimiento de ambivalencia que soportan las mujeres sobre sus logros. No siempre es el mejor modo de granjearse el aprecio de los demás; en el peor de los casos, te hará pasar por una egoísta desalmada, una caricatura, como el personaje de Meryl Streep en *El diablo viste de Prada*.

Cuando la educación marca la diferencia

Fundadora y presidenta del grupo FinCoach,[5] administradora de la Fundación la France s'engage, Frédérique Clavel ha sido presidenta de la AFE (Agencia Francesa de Empresarios), fundadora y presidenta de la red Les Premières (anteriormente Pionnières)..., máster en Administración de Empresas, Insead; en fin, ¡un torbellino!

Frédérique creció con niños: dos hermanos y seis primos. Padre ingeniero que cocinaba, madre enfermera; sus padres fueron feministas sin saberlo. Criaron a su hija igual que a sus hijos; en ocasiones, tenía un pequeño impedimento físico en relación con ellos, pero la trataban igual.

> Eso probablemente hizo que me aficionara a competir, y, sobre todo, cuando llegué al mundo de la empresa, no me pareció normal que se hiciesen diferencias entre hombres y mujeres. Hay cosas sin duda que admitimos implícitamente porque nos han criado de este modo. No es así en mi caso. Y luego hay cosas de las que te das cuenta poco a poco: cuando llegas a los cuarenta, descubrimos que los salarios se han quedado un poco atrás (cuando acababa de convertirme en madre) y que los puestos de poder, lo que se conoce como el techo de cristal, se reservan de forma espontánea a los hombres, más por cooptación que por una diferencia real de competencias. Un jefe buscará a su hermano menor o a su hijo espiritual y pensará menos en una mujer. Cada una de esas diferencias de trato me hizo reaccionar. Alrededor de la cuarentena, vi que se fijaban en tipos de 35 años para ocupar buenos puestos, cuando a mí

nadie me lo pidió. Tuve una conversación con mi director general de aquella época: «Te sientes muy orgulloso de que esta empresa esté formada por un 95 % de mujeres, les dices a todos que la empresa rinde, que tiene un fuerte crecimiento, etc., pero no hay mujeres en el comité ejecutivo y tienes dos subdirectoras que se largan a los 40 años». Me respondió: «Sí, hay una que se ha acostado con su jefe y la otra tiene demasiado carácter». Resultaba complicado conversar en esas condiciones, así que yo misma me marché de la empresa a los 40.

Pionera

Me establecí por mi cuenta a los 40 años: me pareció más fácil para alimentar a la vez mi ambición profesional y mis aspiraciones al equilibrio familiar. Monté mi empresa, FinCoach, en mi apartamento. Cuando fui al salón de empresarios, enseguida vi que la percepción de la empresaria no estaba al mismo nivel que la del empresario, y ahí me dije que realmente era necesario hacer algo para las mujeres. Organicé un proyecto denominado Las Pioneras. Puse en marcha una incubadora para ayudar a las mujeres a montar su empresa en el ámbito de la innovación. Quería que se asociara a las mujeres con la ambición, la innovación, algo que nunca sucedía, y así creé esa primera incubadora en París. La descubrieron y creo que incluso se adelantó a otros países; en Estados Unidos, hay muchas feministas y se ocupan mucho de las mujeres, pero sobre todo de trayectorias de orientación, al menos en esa época. Me han invitado a todos lados para hablar de mujeres y de innovación, y después, muy pronto, el ministro de las pymes, que era Hervé Novelli, vino a buscarme y me dijo: «Las Pioneras, eso está bien, pero hay que hacerlo a nivel nacional». Así que financió la puesta en marcha de una federación nacional que nos ha permitido desarrollarnos en toda Francia y luego nos las arreglamos para encontrar patrocinadores internacionales (y personas que intervenían *in situ*) con el fin de crearla en Marruecos y en el Benelux.

Ha habido después otras peripecias. En 2016, dejé Las Pioneras (continúa sin mí). Y en la actualidad, estoy desarrollando FinCoach con tres pilares: el espacio de *coworking* para los *free-lance*, porque siempre he pensado que un lugar de trabajo tenía alma y debía ser un espacio para compartir; el apoyo a empresas emergentes, para ayudarlas a poner en marcha su estrategia y tal vez su financiación (a menudo vienen a verme mujeres, aunque también ofrezco orientación a hombres). Y el tercer pilar es la alegría en la empresa, para reintegrar el espíritu de la empresa emergente, que es un poco la chispa de inicio en las grandes empresas.

Rechazar las dos varas de medir

Es cierto, confío en mí misma. Cuando me hice cargo de la dirección de la APCE (Agencia para la Creación de Empresas), observé modos de actuar sexistas. Por ejemplo, me invitaban a una mesa redonda con hombres. El periodista-moderador hacía las presentaciones poniendo énfasis en los títulos de los hombres, algo parecido a: «Hoy contamos con fulanito, politécnico; menganito, ENA..., y Frédérique Clavel, presidenta de la Agencia para la Creación de Empresas». Retomé la palabra: «Gracias, pero ha olvidado hablar de mi trayectoria; he hecho esto y lo otro». Esto puede parecer arrogante, pero me da igual. No era normal tener un trato especial; no he llegado hasta ahí por casualidad. Y cuando me propusieron la presidencia de la APCE, no lo dudé ni un segundo, mientras que en mi fuero interno sabía que no conocía nada de ese mundo, pero me apetecía el reto. Cuando monté mis incubadoras, me dije: «Es imposible», y después el sueño se hizo realidad. No podía rechazarlo; me sentí muy orgullosa. Así que a veces tengo la sensación de haber llegado ahí por casualidad; ¿por qué yo? Pero lo haré. Desde que cumplí los 35, reconozco que algunas cosas tienen que cambiar, así que he decidido lanzarme a la piscina para aceptar que soy una mujer que se atreve.

Incluir a los hombres

En cuanto cambié de trabajo por primera vez en mi vida, pasando de la banca a la gran distribución, me recibió una cazatalentos que me había organizado una cita con el tesorero de un grupo con fama de ser más bien duro. En aquella época, llevaba ocho años casada, tenía 30 años y no tenía hijos. La cazatalentos me avisó: «Te preguntará lógicamente por los hijos; sobre todo ¡di que no quieres tenerlos!». Dije: «Desde luego, no me voy a tirar piedras contra mi propio tejado». Al día siguiente, el tesorero me preguntó y le respondí espontáneamente: «Llevo ocho años casada; si me quedo embarazada, eso será mi prioridad». Hice todo lo contrario de lo que me habían aconsejado que hiciera. Pero supuso que era sincera y que nunca le haría una jugarreta, así que me dio el trabajo. De vez en cuando, hay cosas que salen del inconsciente y es mejor así. No todos los hombres son unos machistas horribles.

Hace algún tiempo, estaba en una cena de las fundadoras de la red Professional Women Network en Francia; había veintitrés mujeres. Luchan por la igualdad, pero empiezan a contar con hombres en su junta. Ser inclusivas con los hombres es una gran responsabilidad, sobre todo cuando los criticamos por no serlo. Hay naturalmente hombres que cooptan entre sí, pero también hay grandes hombres, inclusivos, y es en ellos en quienes debemos interesarnos. Es preciso que los hombrecitos parezcan anticuados y hacer apología de esos grandes hombres.

Audacia, autenticidad, libertad

El 10 de noviembre de 2019, Hillary Rodham Clinton y Chelsea Clinton presentaron su libro, *The Book of Gutsy Women*,[6] en Londres, en el Southbank Centre. A la pregunta: «Si pudiera volver atrás en el tiempo, ¿qué le diría a la niña que fue?», Hillary Rodham Clinton respondió básicamente:

> Ya sea a los 11 o a los 15 años, animaría a la niña que fui a seguir aprendiendo y a ponerse retos, tantos como sea posible. A arriesgarse, a no tener miedo de las decisiones que pueda tomar en su vida. Mi madre

> nunca fue a la universidad y no sabía mucho. ¿Adónde debía ir yo? ¿Sería lejos o cerca de casa? Acabé por ir lejos. Hay que animarse constantemente a superar los miedos. Las angustias y los temores forman parte de la vida de todos. Todas esas fotos en Instagram son composiciones. Eso no es la vida. Una parte del reto está en no dejarse confundir por la imagen que tiene la gente de sí misma y de su vida. Tomaos vuestra propia vida, y lo que vayáis a hacer, en serio. Confío en que, si hoy tuviese 11 o 15 años, me diría eso. Porque es muy fácil apartarse del camino debido al perfeccionismo y a esta imagen que dan las personas de sí mismas. Al final del día, esa no es la vida real. Vive tu vida y vívela con toda la audacia posible.

En cuanto a Chelsea, su consejo para confiar en uno mismo es no tomarse en serio las críticas nada serias de personas para nada serias. Y Hillary Clinton añade que sobre todo no hay que prestar atención a las personas que intentan difamarte o menospreciarte.

LOS HOMBRES TAMBIÉN SON EJEMPLOS

¿Quieres una pequeña dosis de confianza en ti mismo? Porque infundir confianza en las mujeres no es solo un asunto de mujeres; hemos conocido a hombres que piensan y actúan para que la confianza, palabra femenina singular pero sentimiento singularmente masculino, se comparta con las mujeres.

Las mujeres no saben verbalizar sus expectativas

Jean-François Guillaud, vicepresidente de Lealtad para Europa, Oriente Medio y África en un gran grupo hotelero, es un mentor comprometido.

> Mi feminismo ha ido madurando lentamente al lado de dos de mis sobrinas, que son muy feministas y que, en cierto modo, me han abierto los chakras. Sobre todo acerca de los estereotipos que encasillan a los niños y las niñas en determinados roles. Y luego, a lo largo de mi vida profesional, he tenido equipos exclusivamente masculinos, exclusivamente femeninos y mixtos; los más eficaces son los últimos. Ha sido al trabajar con equipos solo femeninos cuando percibí personalmente la realidad de la falta de confianza en sí mismas de algunas mujeres. Estaba entonces en una sociedad especializada en el pago móvil y tenía una directora comercial a la que acababan de ascender para dirigir Europa del Norte dos meses antes de que yo llegara a esta empresa; ella era idónea, inteligente y, en términos de gestión, sabía hacer de todo. Un día, veo que entre su salario de comercial y el de directora comercial no había ni un solo céntimo de aumento, así que le pregunto, pensando que había un error en mis ficheros. Pero me responde: «Es normal». Había interiorizado por completo el discurso que le dieron, es decir, que este ascenso ya era un favor y que tenía que demostrar su valía. Entonces le contesté que ningún hombre habría aceptado un ascenso sin un aumento, aunque fuese mínimo. Así que lo rectificamos con una subida, nada del otro mundo pero merecida...

De hecho, creo que las chicas son muy escolares: a lo largo de sus estudios, cuando obtienen resultados, se las premia. Pero cuando llegan al mundo empresarial, eso ya no funciona así. He notado que muchas mujeres esperaban la recompensa en silencio. A veces he tenido empleados regulares, pero se pasaban el tiempo pidiendo un aumento. Por el contrario, dirigía a mujeres sumamente competentes, con resultados increíbles, pero que no pedían nada; esperaban. He explicado a muchas mujeres que, en un momento dado, hay que reclamar, porque, si no, recaemos en los estereotipos de género: ellas están contentas así, tienen un marido que debe de ganarse bien la vida, etc. En la actualidad, preparo a mujeres y les digo que se atrevan, porque calladas tienen un sentimiento de injusticia, no se sienten reconocidas y sufren. Hay que verbalizar sus expectativas. Atreverse a pedir.

En mi sociedad, pertenezco a un grupo de tutoría voluntario que quiere ayudar a las mujeres jóvenes a romper el techo de cristal. Está bastante equilibrado: un 60 % de mentoras y un 40 % de mentores. Siempre lo he hecho como director, e implicarme en esta organización era lo indicado. Ayudé a una joven que intentaba cambiar de puesto a nivel interno, pero nunca la seleccionaban. Al analizar los anuncios, miraba la descripción del puesto y se aferraba a todo lo que no sabía hacer, mientras que un hombre se habría agarrado a lo que sí sabía hacer. Los anuncios buscaban un mirlo blanco, una persona ideal. Pero quien describe el perfil ideal se contentará quizá con un perfil casi ideal; deja que decida la persona que contrata, que sin duda está dispuesta a ceder, ir hasta el fondo, y dile que será interesante adquirir algunas aptitudes que te faltan. ¿Por qué vale la pena solicitar un puesto que dominas totalmente? La parte que no se sabe hacer debe ser una parte de motivación y no de autocensura. Sin embargo, siento que esto cambia un poco en las menores de 30 años. Me da la impresión de que es una generación que aprovecha todo el trabajo que han hecho los demás, y que esto también cambia en los hombres.

La importancia de intervenir

También hemos conocido a Louis, dirigente de una gran empresa del CAC 40.

En igualdad de experiencia, me parece que las mujeres se sienten menos apropiadas que los hombres para un trabajo determinado, y no hablo de igualdad de sueldo, que no es más que una consecuencia de esa falta de legitimidad. Presta atención a la forma en que los periódicos han comentado la incorporación de Lagarde al frente del Banco Central Europeo (BCE): se preguntaban sobre su capacidad para ocupar ese puesto; con todo, no es *a priori* menos idónea que su predecesor. También he observado que las mujeres se permitían menos errores que los hombres en puestos de responsabilidad equivalentes. Al no permitirse equivocarse, asumen menos riesgos. No obstante, asumir riesgos, aceptar responsabilidades y el derecho al fracaso son fundamentales para una empresa.

Recientemente, las mujeres de mi sociedad se han organizado para las intervenciones y fue algo realmente muy interesante. Han abordado el tema en el grupo, han trabajado juntas, han reflexionado sobre el modo en que se distribuía la palabra en un grupo mixto y han propuesto reglas al conjunto de la sociedad. Fue muy bien; las personas se respetan y han adoptado esas reglas, levantar la mano, etc., que al final nos hacen un favor a todos. Las mujeres han ganado en paridad gracias a su trabajo en la forma de intervenir, de manera no vindicativa y en el interés general. En las pequeñas organizaciones, en el mundo de las empresas emergentes, hoy en día las cosas cambian de buen grado. En las grandes sociedades, sigue siendo más difícil.

Lo que tenemos que conservar de esos modelos

- ¡Imítalos! ¡Da tu opinión! ¡Atrévete! ¡Reclama! ¡Habla de tus expectativas!
- ¡No te dejes encasillar!
- ¡Créate un avatar poderoso!
- ¡No te dejes definir por una mirada de desdén!
- Incluso si crees que estás ahí por casualidad, por suerte, ¡disfruta de los laureles!

Receta para los días en los que la confianza en ti misma no es para tirar cohetes...

Lista de reproducción

- Angèle, «Balance ton quoi» («J'ai vu qu'le rap est à la mode, et qu'il marche mieux quand il est sale.

Bah faudrait p't-être casser les codes. Une fille qui l'ouvre ça serait normal. [...] Même si tu parles mal des filles je sais qu'au fond t'as compris. Balance ton quoi, un jour peut-être ça changera...»).*

- Julien Clerc, «Laissons entrer le soleil».
- Queen, «We Are the Champions» y «Don't Stop Me Now».
- Amel Bent, «Ma philosophie» («Viser la lune, ça ne me fait pas peur... »).**
- Gloria Gaynor, «I Will Survive».
- Beyoncé, «Pretty Hurts» y «Run the World».
- Aretha Franklin, «Respect».
- Rachel Platten, «Fight Song».
- Alicia Keys, «Girls on Fire».
- Hailee Steinfeld, «Love Myself».
- Lizzo, «Good as Hell» y «Juice».
- Maroon Five, «Girls Like You».
- Kelly Clarkson, «What Doesn't Kill You Makes You Stronger».
- Diana Ross, «I Am Coming out».
- Chaka Khan, «I Am Every Woman».
- Leslie Gore, «You Don't Owe Me».
- France Gall, «Résiste».

* «He visto que el rap está de moda, y que funciona mejor cuando es grosero. Pues tal vez habría que romper las reglas. Que una chica lo haga sería normal. [...] Incluso si hablas mal de las chicas, sé que en el fondo lo has entendido. Denuncia a quien tú ya sabes, tal vez un día todo cambiará.» *(N. de la t.)*

** «Pretender la luna, ya no me da miedo...» *(N. de la t.)*

Libros

- Marie N'Diaye, *Tres mujeres fuertes*, Editora y Distribuidora Hispano Americana, 2010.
- Michelle Obama, *Mi historia*, Punto de Lectura, 2018.
- Gérard de Cortanze, *Femme qui court*, Albin Michel, 2019.
- Simone Veil, *Una vida*, Clave Intelectual, 2011.
- Simone de Beauvoir, *Memorias de una joven formal*, Editora y Distribuidora Hispano Americana, 1990.
- Maya Angelou, *Yo sé por qué canta el pájaro enjaulado*, Libros del Asteroide, 2016.
- Claire Berest, *Rien n'est noir*, Stock, 2019.
- Emmanuelle Gagliardi, *500 réseaux de femmes*, Eyrolles, 2018.
- Léa Salamé, *Femmes puissantes*, Les Arènes, 2020.

Películas

- Theodore Melfi, *Figuras ocultas*, 2017.
- Éric Lartigau, *La familia Bélier*, 2014.
- David Frankel, *El diablo viste de Prada*, 2006, basada en un libro de Lauren Weisberger.
- François Truffaut, *El último metro*, 1980.
- Anne Fontaine, *Coco, de la rebeldía a la leyenda de Chanel*, 2009.
- Julie Taymor, *Frida*, 2002.
- Sarah Gavron, *Sufragistas*, 2015.

- Ridley Scott, *Alien, el octavo pasajero*, 1979.
- Patty Jenkins, *Wonder Woman*, 2017.
- Robert Luketic, *Una rubia muy legal*, 2001.
- Steven Soderbergh, *Erin Brockovich*, 2000.
- Gary Ross, *Los juegos del hambre*, 2012, basada en un libro de Suzanne Collins.

AGRADECIMIENTOS

A Catherine Meyer, que nos ha mostrado que la confianza entre mujeres es posible. Es una editora ideal y un encuentro auténtico.

A Clémence de Bodinat, por sus ademanes elegantes y tan infrecuentes.

A Alexandra Geismar, Marion Lavenir, Camille Cohen, Claire Germouty, Paule Maarek, Michel Guez, Joshua Guez, Diane Keusseoglou, Daphné Keusseoglou, Hélène Holzmann y Francine Ganansia.

NOTAS

GÉNESIS

1. Estudio Grant Thornton, 2013.

1. CONFIANZA EN UNO MISMO Y SÍNDROME DE IMPOSTURA

1. Alberto Torrego (trad.), Barcelona, Ariel, 2018.

2. *Les Fondations sociales de la pensée et de l'action*, Prentice Hall, 1986.

3. J. Lecomte, «Les applications du sentiment d'efficacité personnelle», *Savoirs*, número especial, 2004-2005.

4. K. Kay y C. Shipman, «The Confidence Gap», *The Atlantic Monthly*, mayo de 2014.

5. Bandera, Schunk, Brown e Inouye, *Le Sentiment de compétence et l'apprentissage chez l'adulte* (autor del trabajo: Ruph F.), Universidad de Montreal, 1997.

6. Schunk, 1989.

7. Feuerstein, 1991.

8. Sondeo del Instituto CSA para el Observatoire Terrafemina y *20 Minutes*, marzo de 2013.

9. 5.ª edición del *Manual diagnóstico y estadístico de los trastornos mentales* de la Asociación Estadounidense de Psiquiatría.

10. *Croyez en vous, libérez-vous du syndrome de l'imposteur*, Larousse, 2019.

11. *Marie-Claire*, mayo de 2018.

12. «Un retour à l'amour: réflexions sur les principes énoncés», en *Un tours sur les miracles*, HarperCollins, 1992; J'ai lu, 2010.

13. C. Jarrett, «Feeling like a fraud», *The Psychologist*, vol. 23, 5.ª ed., BPS, mayo de 2010.

14. Es preferible hablar de «cliente» que de «paciente». Un individuo, aunque tenga problemas, no debería reducirse al estado de paciente, es decir, de enfermo o de objeto a menudo demasiado pasivo.

15. McLeod, S. A., 2014.

16. C. Rogers, *El proceso de convertirse en persona: mi técnica terapéutica*, Liliana Wainberg (trad.), Barcelona, Paidós Ibérica, 2001.

17. C. Rogers, *El proceso de convertirse en persona: mi técnica terapéutica*, *op. cit.*

18. patriciabraflantrobo.blogspot.com, 18 de marzo de 2013.

19. Ch. André y F. Lelord, *La autoestima: gustarse a sí mismo para mejor vivir con los demás*, Manuel Serrat (trad.), Barcelona, Kairós, 2012.

20. *Oser. Thérapie de la confiance en soi*, Odile Jacob, 2018.

21. A. Maslow, «A Theory of Human Motivation», *Psychological Review*, 50, 1943, pp. 370-396.

22. *Social Encounters: Contributions to Social Interactions*, Adline Publishing Company, 1973.

23. *Estime de soi, perspectives développementales*, París, Delachaux et Niestle, 1998.

24. *Slouching Towards Bethlehem*, Farrar, Straus and Giroux, 1968.

25. Malcolm Gladwell, «True Colors», *The New Yorker*, 14 de marzo de 1999.

26. *La campana de cristal*, Eugenia Vázquez (trad.), Barcelona, Random House, 2019.

2. Los orígenes de la falta de confianza en sí mismas de las mujeres

1. Silvia Furió (trad.), Barcelona, Crítica, 2018.

2. Entrevista, *Le Figaro*, 19 de noviembre de 2018.

3. Marco Aurelio Gaimarini (trad.), Barcelona, Círculo de Lectores, 1.ª ed.

4. Entrevista en la revista *XXI*.

5. J.-M. Pétillon y Ch. Darmangeat, «Histoire et préhistoire de la domination masculine», *Parcours, Cahiers du GREP Midi-Pyrénées*, GREP MP, 57, 2018, pp. 97-125 (ffhal-01941677).

6. K. Tinat, «Le dernier entretien de Françoise Héritier», *Socio*, 9, 2017, pp. 238-255.

7. 1933-2017.

8. Ley núm. 2014-873, del 4 de agosto de 2014.

9. Ph. Brenot, «Féminicides, spécificité de l'humanité!», *Le Monde*, 11 de julio de 2019.

10. F. Héritier, «Qu'est-ce que l'homme?», <http://k6.re/UQwPz>.

11. L. Lamnaouer, French Morning London, septiembre de 2019.

12. Christine Bard es profesora de Historia Contemporánea en la Universidad de Angers y miembro honorario del Instituto Universitario de Francia, especialista en historia de

las mujeres, género y feminismo en Francia. También preside la asociación Archivos del Feminismo y dirige el museo virtual MUSEA.

13. Fayard, 1995.

14. Nuria Viver Barri (trad.), Barcelona, Tusquets Editores, 2012.

15. Autrement, 2010.

16. Traducción literal de la palabra *empowerment*, que algunos prefieren mantener en inglés.

17. *Le Point*, 4 de marzo de 2019.

18. Encuesta YouGov / Social Builder para Monster, *Forbes*, mayo de 2018.

19. Giovana Machado (trad.), Editor Luis Porcel, Barcelona, 1978.

20. L. Berlingo, A. Girault, E. Azria, F. Goffinet y C. Le Ray, «Women and academic careers in obstetrics and gynaecology: aspirations and obstacles among postgraduate trainees – a mixed-methods study», *BJOG*, 3 de diciembre de 2018.

21. Insee, 2017.

22. Grand Central Publishing, enero de 2016.

23. Refinery29.com, de 2013 a 2019.

24. Robert Laffont, 2017.

25. Éditions de l'Olivier, 1997.

26. Insee, 2015.

27. Albin Michel, 2009.

28. H. Fielding, *El diario de Bridget Jones*, Néstor Busquets (trad.), Barcelona, Lumen, 1998.

29. 1969, 1973, 1979.

30. M. Ainsworth y M. Wittig, 1969.

31. M. Ainsworth, 1978.

32. M. Ainsworth, 1970.

33. R. Karen, *Becoming Attached*, Oxford University Press, 1998.

34. J. Bowlby, *Vínculos afectivos: formación, desarrollo y pérdida*, Alfredo Guera (trad.), Madrid, Morata, 2014.

35. M. Main y J. Cassidy, 1988; McLeod S., 2018.

36. N. Diamond y M. Marrone, *Attachment and Intersubjectivity*, Whurr Publishers, 2003.

37. «The Impostor Phenomenon in High Achieving Women: Dynamics and Therapeutic Intervention», *Psychotherapy: Theory, Research and Practice*, vol. 15, n.º 3, 1978.

38. *Ibid.*

3. Tipologías del síndrome de la impostora

1. V. Young, *The Secret Thoughts of Successful Women: Why Capable People Suffer from the Impostor Syndrome and How to Thrive in Spite of It*, Crown Business, 2011.

2. *Psychomedia*, 12 de abril de 2019.

3. P. L. Hewitt y G. L. Flett, «Perfectionism in the self and social contexts: Conceptualization, assessment, and association with psychopathology», *Journal of Personality and Social Psychology*, 1991.

4. *The Curse of the Good Girl*, Penguin Publishing Group, 2009.

5. *Neurosis and Human Growth*, Norton, 1950.

6. *New Ways in Pychoanalysis*, Norton, 1939.

7. *La personalidad neurótica de nuestro tiempo*, Norton, 1993; *Our Inner Conflicts*, Ludovico Rosenthal (trad.), Barcelona, Paidós Ibérica, 1993.

8. V. Young, *The Secret Thoughts of Successful Women*, *op. cit.*

9. Enrique de Hériz (trad.), Barcelona, Roca Editorial, 2004.

10. *El proceso de convertirse en persona*, *op. cit.*

11. Traducción: «Las mujeres obtienen mejores resultados que los hombres en la mayoría de las aptitudes de liderazgo».

12. *Ibid.*

13. «Pyramid: Women in S&P 500 Companies», *Catalyst*, 11 de julio de 2019.

14. *The Imposter Cure*, Paperback, junio de 2019.

4. La confianza cambiante

1. Instagram @Amy Poehler

2. Eva Cañada (trad.), Barcelona, Conecta, 2013.

3. S. Sandberg y A. Grant, *Opción B: Afrontar la adversidad, desarrollar la resiliencia y alcanzar la felicidad*, María Serrano (trad.), Barcelona, Conecta, 2017.

4. «Sheryl Sandberg's new mission: help people through grief and adversity», *Time*, 24 de abril de 2017.

5. *Opción B*, *op. cit.*

6. C. Hollings, *Fuck les régimes*, Payot, 2016.

7. National Collegiate Athletic Association, organización que gestiona el deporte universitario en Estados Unidos.

8. Campeona olímpica, mediofondista.

9. «Why Don't Women Get Comebacks Like Tiger Woods?», *The New York Times*, 20 de abril de 2019.

10. Palabras citadas por Audrey Barbier-Litvak, directora de la filial de Francia y Europa del Sur de WeWork, el gigante estadounidense del *coworking*, *Marie-Claire*, septiembre de 2019.

11. Forbes Top Influencers, 2019.

12. Madrid, Temas de Hoy, 2007.

13. Robert Laffont, 2018.

14. *Le Figaro Madame*, 19 de septiembre de 2019.
15. 25 de julio de 2019.
16. INED, 2016.
17. U. Orth, R. Y. Erol y E. C. Luciano, «Development of self-esteem from age 4 to 94 years: A meta-analysis of longitudinal studies», *Psychological Bulletin*, 144(10), 2018, pp. 1045-1080 (http://dx.doi.org/10.1037/bul0000161).
18. J. Zenger y J. Folkman, artículo citado.
19. <http://www.psy-hope.com/2018/11/le-test-scientifique-des-24-forces-de.html>.

5. La mirada de los demás, la mirada sobre uno mismo

1. Les Arènes, 2014.
2. E. Van Deurzen y R. Kenward, *Dictionary of Existential Psychotherapy and Counselling*, Sage Publications Ltd, 2005.
3. 2006.
4. *Financial Times*, 26 de abril de 2019.
5. Laurence Gutenmacher fue adjunta al hospital de la asistencia pública de París y exprofesora de la Escuela Hospitalaria del Pitié-Salpêtrière.
6. A. Maïga, N. Beausson-Diagne, M. Gabin, M. Gueye, E. Haïdara, R. Khan, S. Martins, M.-Ph. Nga, S. Pakora, F. Richard, S. Rolland, M. Silberfeld, Sh. Souagnon, A. Sylla, K. Touré y F. Zobda, *Noire n'est pas mon métier*, Le Seuil, 2018.
7. A. Maïga.
8. N. Beausson-Diagne.
9. *Petits Complexes et Grosses Déprimes* (con Muzo), Le Seuil, 2003.

10. *Women and Desire: Beyond Wanting to Be Wanted*, Three Rivers Press, 1999.

11. Le Figaro.fr, 28 de julio de 2017.

12. T. Soest (von), I. L. Kvalem, H. E. Roald y K. C. Skollenborg, «The effects of cosmetic surgery on body image, self-esteem, and psychological problems», NCBI, julio de 2008.

13. «Women are getting Botox to fix "resting b---h face," and a psychologist says the trend is troubling», *Insider*, septiembre de 2019.

14. S. Orbach, *Le Poids, un enjeu féministe*, Marabout, 2017.

15. Ana María de la Fuente (trad.), Barcelona, Salamandra, 2006.

16. *Ibid.*

17. <http://www.refinery29.com/en-us/stop-dieting-tipsbody-positivity>.

18. *La mujer del espejo*, Isabel González-Gallarza (trad.), Madrid, Alevosía, 2013.

19. E. Kant, *Lecciones de ética*, Roberto Rodríguez y Concha Roldán (trads.), Barcelona, Crítica, 1988.

20. *In Harm's Way: The Pornography Civil Rights Hearings*, Harvard University Press, 1997.

21. B. L. Fredrickson y T.-A. Roberts, «Objectification Theory», *Psychology of Women Quarterly*, 21(2), 1997, pp. 173-206.

22. Antisexisme.net, 13 de agosto de 2013.

23. El *flow* ha sido estudiado por el psicólogo Mihály Csíkszentmihályi.

24. D. M. Szymanski, L. B. Moffitt y E. R. Carr, «Sexual Objectification of Women: Advances to Theory and Research», *The Counseling Psychologist*, 39(I), 2011, pp. 6-38.

25. France Culture, 27 de agosto de 2019.

26. *Nature Human Behaviour*, 26 de agosto de 2019. «Los tribunales que tengan prejuicios implícitos promoverán menos a las mujeres siempre y cuando no crean en la existencia de prejuicios basados en el género.»

27. Ana García Casadesús (trad.), Barcelona, Random House, 2019.

28. H. Lewis, *The Atlantic Monthly*, agosto de 2019.

29. Rocío de la Maya (trad.), Madrid, Egales, 2004.

30. C. Pinkola Estés, *Mujeres que corren con los lobos*, María Antonia Menini (trad.), Barcelona, Ediciones B, 2020.

31. *Nobelle*, Robert Laffont, 2019.

32. B. Brown, *Los dones de la imperfección*, Blanca González y Nora Steinbrun (trads.), Móstoles, Gaia Ediciones, 2019.

6. Desafiar la falta de confianza y convertirla en un motor

1. Lsa-conso.fr

2. *Terra Femina*, 28 de junio de 2016.

3. Estudio Always sobre la confianza y la pubertad, realizado por MSLGROUP Research en Francia entre el 11 de enero y el 5 de febrero de 2016 en 1.003 mujeres de entre 16 y 24 años.

4. National Health Service, servicio de sanidad británico, 2013.

5. <www.dove.com/ca/fr/dove-self-esteem-project>.

6. *No sin mi hija*, Rosa María Bassols (trad.), Barcelona, Seix Barral, 2006.

7. *Ibid.*

8. María Antonia Menini (trad.), Barcelona, Ediciones B, 2020.

9. Marta Armengol y Rosa Alapont (trads.), Madrid, Maeva Ediciones, 2014.

10. S. C. Hayes, K. D. Strosahl y K. G. Wilson, *Acceptance and Commitment Therapy an Experiential Approach to Behavior Change*, The Guilford Press, 1999.

11. Association for Contextual Behavioral Science.

12. Manuel Serrat (trad.), Barcelona, Kairós, 2002.

13. B. Brown, *El poder de ser vulnerable*, Alicia Sánchez (trad.), Madrid, Urano, 2016.

14. «Brené Brown on the Power of Vulnerability», *The Telegraph*, 17 de septiembre de 2012.

7. Las mujeres entre ellas

1. *Higiene del asesino*, Sergio López (trad.), Barcelona, Circe Ediciones, 1996.

2. Acto I, escena 1.

3. A. Dumas, Mauro Armiño (trad.), Madrid, Alianza Editorial, 2016.

4. J. Steinbeck, Manuel Pereira (trad.), Barcelona, Random House, 2001.

5. Alain-Fournier, Émile-Paul Frères, 1937.

6. G. Roy Hill, 1969.

7. C. Sautet, 1974.

8. Y. Robert, 1976.

9. M. Esposito, 2003.

10. R. Scott, 1991.

11. J. C. Oates, Montserrat Serra (trad.), Barcelona, Punto de Lectura, 2008.

12. Crónicas de Candice Bushnell en el *New York Observer*, 1994; luego novela, Matuca Fernández de Villavicencio (trad.), Barcelona, Debolsillo, 2003.

13. N. Walter (autora de *The New Feminism*), *The Guardian*, 29 de enero de 2004.

14. «You're a Bad Friend», *The Guardian*, 14 de abril de 2017.

15. S. Shapiro Barash, *Tripping the Prom Queen*, St Martin's Griffin, 2006, recogido en Marieclaire.fr.

16. *Cinderella Liberator*, Haymarket Books, 2019.

17. Odile Jacob, 2014.

18. Marieclaire.fr

19. *Ibid.*

20. A. Gargam y B. Lançon, *Une histoire de la misogynie*, Arkhe, 2013.

21. Capital.fr, 8 de agosto de 2018.

22. Wimadame.com

8. La confianza en la pareja

1. F. Beigbeder, *L'amour dure trois ans*, Grasset, 2001.

2. *Histoires d'amour, histoires d'aimer*, Pocket, 2004.

3. *Le Temps*, 15 de febrero de 2019.

4. Barómetro de la salud 2016.

5. <http://www.onsexprime.fr/>.

6. *L'Express*, 24 de octubre de 2018.

7. Psicóloga clínica, sexóloga, terapeuta individual, familiar y de pareja en Ruan.

8. Leduc Éditions, 2008.

9. Criar a las hijas en la confianza para romper la cadena

1. Estudio disponible en el sitio web de la asociación: <www.ducotedesfilles.org.>

2. A. Dafflon Novelle, «Sexisme dans la littérature enfantine, quels effets pour le développement des enfants?», *Cahiers internationaux de psychologie sociale*, vol. 57, 2003 (disponible en: <http://www.cemea.asso.fr/aquoi-jouestu/fr/textesref/SexismeLitteratEnfants.htm>).

3. *Ibid.*

4. Caso narrado por Laurence Gutenmacher.

5. En el estudio han participado 326 niños de entre 7 y 13 años.

6. <http://www.lse.ac.uk/News/Latest-news-from-LSE/2018/12-December-2018/%EF%BB%BFFathers-less-likely-tohold-sexist-attitudes-if-they-have-a-girl>.

7. Según *The Wall Street Journal* (26 de agosto de 2019), por primera vez en la historia, el mercado de trabajo estadounidense cuenta con más mujeres que hombres con un título universitario; encuesta del Céreq, Francia, 2015.

8. Informe del Alto Consejo para la Igualdad, 22 de febrero de 2017.

9. «Éducation: pourquoi l'école française est-elle encore jugée trop sexiste?», *20 Minutes*, 22 de febrero de 2017.

10. Libro traducido en francés con el título *Tout se joue avant six ans*, Robert Laffont, 1972.

11. Los libros de Catherine Gueguen presentan un panorama muy claro de todos estos descubrimientos: *Pour une enfance heureuse*, Pocket, 2015, y *Feliz de aprender en la escuela*, Nuria Viver (trad.), Barcelona, Grijalbo Ilustrados, 2019.

12. *Les Françaises*, Rizzoli, 2017.

13. Soniasieff.com.

14. Maison européenne de la Photographie, en París.
15. desoutilspourlaviedeparent.fr.
16. Caroline Pflimlin.
17. P. Lunel, *Kennedy, secrets de femmes*, Éditions du Rocher, 2010.
18. C. Pinkola Estés, *Mujeres que corren con los lobos*, *op. cit.*

10. El poder de los ejemplos

1. «Si una mujer sabe decidir cuál de sus hijos, el mayor de 6 años o el pequeño de 4, tiene derecho al último trozo de chocolate, entonces puede negociar cualquier contrato del mundo», Anita Roddick.
2. *Business as unusual*, First Éditions, 2000.
3. V. Badham, *The Guardian*, 28 de mayo de 2019.
4. M.-J. Delepaul, «Mentrification», France Inter, 19 de junio de 2019.
5. Fincoach.net.
6. Simon and Schuster, 2019.